Hirotaka Fujibayashi

O refugiado nunca é um fardo

Hirotaka Fujibayashi

O refugiado nunca é um fardo

ScienciaScripts

Imprint

Any brand names and product names mentioned in this book are subject to trademark, brand or patent protection and are trademarks or registered trademarks of their respective holders. The use of brand names, product names, common names, trade names, product descriptions etc. even without a particular marking in this work is in no way to be construed to mean that such names may be regarded as unrestricted in respect of trademark and brand protection legislation and could thus be used by anyone.

Cover image: www.ingimage.com

This book is a translation from the original published under ISBN 978-620-2-00651-4.

Publisher:
Sciencia Scripts
is a trademark of
Dodo Books Indian Ocean Ltd. and OmniScriptum S.R.L publishing group

120 High Road, East Finchley, London, N2 9ED, United Kingdom
Str. Armeneasca 28/1, office 1, Chisinau MD-2012, Republic of Moldova, Europe
Printed at: see last page
ISBN: 978-620-7-65972-2

ÍNDICE DE CONTEÚDOS

Capítulo 1   7

Capítulo 2   16

Capítulo 3   31

Agradecimentos

O conteúdo deste livro baseia-se no meu trabalho de investigação no programa de mestrado do Departamento de Estudos Internacionais da Escola de Pós-Graduação em Ciências de Fronteira da Universidade de Tóquio. Este trabalho depende dos resultados de pesquisas bibliográficas, bem como das minhas pesquisas de campo em campos de refugiados no Nepal e num local de reinstalação na Austrália, respetivamente, para explorar as circunstâncias das comunidades de refugiados butaneses. Fiz uma viagem de investigação ao leste do Nepal em março de 2016 e ao sul da Austrália em agosto de 2016. No Nepal, visitei dois campos de refugiados butaneses ainda existentes. Para além da observação, realizei entrevistas com os funcionários do Alto Comissariado das Nações Unidas para os Refugiados (ACNUR) e com os trabalhadores das organizações não governamentais (ONG) que trabalham para os refugiados butaneses nesse país. Na Austrália, visitei uma comunidade de refugiados butaneses em Salisbury, no Sul da Austrália. Entrevistei o líder da comunidade butanesa e os residentes, bem como os trabalhadores das ONG no Sul da Austrália. Em várias partes das entrevistas na Austrália do Sul, apliquei o método de entrevista de grupo de discussão.

Além disso, para conhecer a prática de apoio aos refugiados, realizei várias entrevistas com pessoas que trabalham com questões relacionadas com os refugiados e a migração forçada em Tóquio e Genebra. Os informadores deste estudo incluem pessoas que trabalham para as organizações relevantes para as questões dos refugiados ou da migração (forçada), tais como o ACNUR, a Organização Internacional para as Migrações (OIM), a Federação Internacional das Sociedades da Cruz Vermelha e do Crescente Vermelho (FICV) ou o Comité Internacional da Cruz Vermelha (CICV).

A minha primeira palavra de agradecimento vai para todos os meus informadores, embora os seus nomes não possam ser revelados. As suas informações ajudaram-me a completar este livro. Estou também profundamente grato a Mikiyasu Nakayama, que generosa e gentilmente me instruiu como meu supervisor no meu programa de mestrado, bem como à Escola de Pós-Graduação em Ciências de Fronteira da Universidade de Tóquio. O Professor Nakayama sempre me ajudou a fazer a minha investigação e foi impossível fazer viagens de investigação ao Nepal e à Austrália sem o seu grande apoio.

Estou igualmente grato aos meus colegas do Instituto de Segurança Internacional e Civil da Universidade Khalifa em Abu Dhabi, nos Emirados

Árabes Unidos. Ash Rossiter e Brendon J. Cannon têm sido bons colegas e amigos meus desde que passei alguns meses a estudar em Abu Dhabi em 2016. As minhas experiências memoráveis e preciosas tiveram um efeito positivo na minha forma de pensar sobre as questões dos refugiados e da migração (forçada) no mundo, que são os meus principais interesses de investigação. Não posso nomear todas as pessoas, mas as discussões e os comentários dos meus amigos também contribuíram direta e indiretamente para os meus pensamentos e ideias.

Por último, estou grato aos meus pais. Ajudam-me sempre a fazer a minha investigação e, por vezes, dão-me comentários ou conselhos úteis. Nunca seria capaz de escrever este livro sem o seu apoio generoso e não compensador.

Introdução

O mundo contemporâneo está a assistir à pior época de deslocações humanas de que há registo. De acordo com os recentes relatórios dos meios de comunicação social e da Agência das Nações Unidas para os Refugiados, ACNUR, que assume o papel principal na proteção internacional dos refugiados, existe um número sem precedentes de pessoas deslocadas - mais de 65 milhões - desde o fim da Segunda Guerra Mundial, e cerca de 34 000 pessoas são deslocadas à força todos os dias. Perante o número crescente de refugiados no mundo, muitas pessoas começaram a preocupar-se com o facto de o mecanismo internacional existente para a proteção dos refugiados ter sido quebrado. A crise dos refugiados sírios é um dos maiores desafios recentes que a comunidade internacional tem de ultrapassar, mas mais de cinco milhões de sírios deixaram o país para procurar refúgio nos países vizinhos (por exemplo, Iraque, Jordânia, Líbano e Turquia) e não só.

Quando um grande número de refugiados aflui subitamente a um país, como na crise em torno da Síria, é compreensível que os países de acolhimento possam sofrer com o acolhimento de refugiados. É provável que os países de acolhimento fiquem sobrecarregados com os impactos significativos do acolhimento de refugiados, como a diminuição da produção agrícola e pecuária. Como resultado, o discurso em torno dos refugiados parece atualmente algo unidimensional. Muitos meios de comunicação social destacam as preocupações relativas ao facto de estes refugiados poderem representar um fardo para os países de acolhimento; no entanto, não reconhecem tanto os factos de que os refugiados podem dar contributos positivos para as comunidades e países de acolhimento. Mas será que os refugiados são de facto um fardo? Não haverá forma de os refugiados trazerem benefícios para as comunidades e países de acolhimento?

Algumas experiências de investigação no terreno, nos campos de refugiados butaneses
no Nepal Oriental e no destino da sua reinstalação no Sul da Austrália, dar-me-iam uma resposta: Os refugiados nunca são um fardo e têm muitas potencialidades para gerar benefícios para as comunidades e países de acolhimento
.
Contrariamente à ideia implícita de que a sociedade internacional não conseguiu satisfazer as
necessidades de proteção dos refugiados, o caso dos refugiados butaneses é considerado
um caso bastante raro em que a reinstalação em países terceiros progrediu com êxito em todo o mundo. Os refugiados butaneses são de origem étnica nepalesa e residem no sul do país.
Nepaleses que residiam na parte sul do Butão, mas que escaparam à política de limpeza étnica
adoptada pelo reino por volta de 1990. A maioria dos refugiados butaneses viveu
em campos de refugiados na parte oriental do Nepal durante quase 20 anos, tendo depois sido
reinstalados noutro país através do programa de reinstalação de países terceiros.
Apesar de os campos de refugiados no Nepal terem acolhido mais de 100 000 refugiados, a

A população do Butão diminuiu para menos de 18.000 pessoas.[1] Assim, o ACNUR e a OIM, duas das principais agências internacionais de refugiados, anunciaram que o caso dos refugiados butaneses é o maior e mais bem sucedido programa de reinstalação.[2][3]

A resposta aos problemas dos refugiados representa um desafio para a ordem e a justiça globais actuais e para a cooperação internacional, uma vez que as causas dos movimentos de refugiados assentam em conflitos, no fracasso dos Estados e na desigualdade da economia política internacional. As

[1] ACNUR 2015
[2] OIM 2015; Preiss 2016; ACNUR 2015
[3] Betts & Loescher 2011

consequências têm estado relacionadas com a segurança e a propagação de conflitos, o terrorismo e o transnacionalismo.3 Como tal, o discurso recente em torno dos refugiados é suscetível de ser algo unidimensional. Este livro tenta ser uma ajuda para reconsiderar o discurso recente em torno dos refugiados.

O principal objetivo deste livro é questionar e considerar novamente a noção firmemente enraizada - os refugiados são um fardo para os países ou comunidades de acolhimento - e, em seguida, discutir as possibilidades de os refugiados se tornarem um "ativo" e não um "fardo" para a comunidade de acolhimento. Embora o caso da reinstalação de refugiados butaneses seja considerado um sucesso, poucos trabalhos se debruçaram ainda sobre a reinstalação de refugiados butaneses, especialmente na Austrália. Por conseguinte, este livro pode não só fornecer uma nova perspetiva, de certa forma, de que os refugiados nunca são um fardo para as comunidades de acolhimento, mas também defender as condições necessárias para determinar o êxito da integração dos refugiados nos países e comunidades de acolhimento. Os refugiados poderiam potencialmente trazer mais benefícios do que custos para a comunidade de acolhimento sob várias condições.

O primeiro capítulo começa com uma panorâmica do atual esquema global de proteção dos refugiados do mundo. É a isto que muitas pessoas se referem como "regime global de refugiados", e depois a discussão passa para a forma como os refugiados são conceptualizados no discurso recente. A partir do segundo capítulo, este livro começa a centrar-se especificamente no caso dos refugiados butaneses, embora o seu historial geral seja o centro do segundo capítulo. O terceiro capítulo explica a experiência dos refugiados butaneses desde a sua terra natal até aos campos de refugiados no Nepal, com especial incidência nas características socioeconómicas, enquanto o quarto capítulo analisa mais de perto as suas experiências reais relacionadas com a reinstalação em países terceiros como solução duradoura. Os resultados das investigações de campo efectuadas nos campos de refugiados no Nepal, bem como nos locais de reinstalação no Sul da Austrália, contribuem grandemente para os debates do terceiro e quarto capítulos. O quinto capítulo aborda os impactos socioeconómicos dos refugiados butaneses nas comunidades de acolhimento no Sul da Austrália. É aqui esclarecido, de acordo com os resultados das minhas experiências de trabalho de campo e de pesquisas bibliográficas intensivas, que o ambiente económico, social e cultural no Sul da Austrália tem influências positivas na integração bem sucedida dos refugiados butaneses nas comunidades de acolhimento, em comparação com os outros refugiados relacionados com conflitos que residem em países pobres. Por último, o sexto capítulo refere os desafios que ainda se colocam no que respeita aos problemas dos refugiados butaneses a partir de agora e conclui que os refugiados nunca são um fardo para as comunidades de acolhimento, uma vez que podem potencialmente trazer benefícios para as comunidades de acolhimento em diversas condições. No geral, este livro discute e apresenta vários pontos que valem a pena considerar as potencialidades que os refugiados têm no país e na comunidade de acolhimento através das experiências dos refugiados butaneses nos campos de refugiados e no seu destino de reinstalação no Sul da Austrália.

Capítulo 1

Os refugiados são um fardo?

No recente mundo globalizado, a deslocação de seres humanos, bem como de bens, capital, serviços, tecnologia e informação de um país para outro cresceu notavelmente em escala e âmbito, e as pessoas deslocam-se por uma série de razões diferentes. Há pessoas que se deslocam para encontrar melhores empregos e melhorar o seu nível de vida, outras para procurar melhores oportunidades de educação, outras para se encontrarem ou se juntarem à família, e assim por diante. Entre as pessoas que se deslocam por razões voluntárias, há um número crescente de pessoas que foram deslocadas involuntariamente das suas casas em consequência de guerras entre países, conflitos civis, perseguições políticas, riscos naturais, degradação ambiental, projectos de desenvolvimento humano, etc. Por conseguinte, a linha que separa a migração voluntária da involuntária está a tornar-se cada vez mais obscura e a noção de refugiado foi alargada de modo a abranger um grupo mais vasto de pessoas que fugiram dos efeitos indiscriminados da violência generalizada ou de graves perturbações da ordem pública. Na realidade, as pessoas que são classificadas como migrantes forçados (incluindo os refugiados) e as pessoas que não podem ser reconhecidas como migrantes forçados viajam lado a lado. O ACNUR começou a tomar conhecimento dos factos acima referidos desde *Proteção dos Refugiados e Migração Mista: Um Plano de Ação de 10 Pontos* em 2007, embora o problema conceptualizado nos termos "migração mista" ou "nexo migração asilo" continue a ser um grande desafio para o atual mecanismo de proteção dos refugiados.

Contrariamente ao que acontece com a relação entre os movimentos de refugiados e a migração internacional, os refugiados têm sido considerados como uma categoria distinta entre as pessoas que se deslocam. Um refugiado é diferente de um migrante em geral e tem um estatuto jurídico único. A Convenção das Nações Unidas relativa ao Estatuto dos Refugiados de 1951 e o seu Protocolo de 1967 continuam a ser a base jurídica para a proteção internacional dos refugiados e, fundamentalmente, estes instrumentos descrevem um refugiado como uma pessoa que se encontra fora do seu país de origem e que não pode ou não quer regressar a esse país devido a um receio fundado de perseguição em virtude da sua raça, religião, nacionalidade,

[32] OIM 2008

pertença a um determinado grupo social ou opinião política.[4] Em suma, do ponto de vista jurídico, a categoria de refugiado é diferente da categoria de outros migrantes em geral. Este problema de categorização pode ser considerado pouco importante e, na prática, não tão importante. Na prática, porém, a forma de tratar os refugiados é distintamente diferente e separada da forma de tratar os outros migrantes no mundo atual, que inclui Estados soberanos.

É consensual que a soberania é um respeito indispensável quando se considera o sistema de Estado moderno com origem na Paz de Vestefália de 1648. De facto, o sistema estatal moderno, ou sistema político internacional, desde o final da Segunda Guerra Mundial, tem sido estruturado em torno de três princípios centrais - a noção de soberania igual dos Estados, a competência interna para a jurisdição doméstica e a preservação territorial das fronteiras existentes.[5] Quais são os propósitos ou objectivos do Estado é uma questão controversa mas significativa em alguns campos académicos, como a filosofia política ou a história. Para além dos debates filosóficos, o papel do Estado moderno tem vindo a expandir-se gradualmente com o passar do tempo, ao mesmo tempo que surgem novos tipos de desafios. Hoje em dia, o termo "agenda global" é frequentemente utilizado quando se refere a um

---

[4] O artigo 1º da Convenção de 1951 contém as normas pertinentes e tem a seguinte redação "A. Para efeitos da presente Convenção, o termo refugiado aplica-se a qualquer pessoa que:

(1) Foi considerado refugiado ao abrigo dos Convénios de 12 de maio de 1926 e de 30 de junho de 1928 ou das Convenções de 28 de outubro de 1933 e de 10 de fevereiro de 1938, do Protocolo de 14 de setembro de 1939 ou do Estatuto da Organização dos Refugiados; As decisões de não elegibilidade tomadas pela Organização Internacional dos Refugiados durante o período de vigência do seu estatuto
não impedem a concessão do estatuto de refugiado às pessoas que preencham as condições previstas no n.º 2 da presente secção;

(2) Que, em consequência de acontecimentos ocorridos antes de 1 de janeiro de 1951, e receando com razão ser perseguido em virtude da sua raça, religião, nacionalidade, filiação em certo grupo social ou opiniões políticas, se encontre fora do país de que tem a nacionalidade e não possa ou, em virtude desse receio, não queira pedir a proteção desse país; ou que, não tendo nacionalidade e estando fora do país onde tinha a sua residência habitual em consequência desses acontecimentos, não possa ou, em virtude desse receio, a ele não queira voltar. No caso de uma pessoa que tenha mais do que uma nacionalidade, a expressão "país da sua nacionalidade" designa cada um dos países de que é nacional, e não se considera que uma pessoa não beneficia da proteção do país da sua nacionalidade se, sem qualquer razão válida baseada num receio fundado, não tiver recorrido à proteção de um dos países de que é nacional."

[5] Elden 2006

problema que exige acções colectivas ou de colaboração de muitos Estados em todo o mundo, como a pobreza e o subdesenvolvimento; o VIH/SIDA, a malária e outras doenças; as alterações climáticas e a degradação ambiental; e a criminalidade internacional, o terrorismo e os movimentos de insurreição. No entanto, não é demais dizer que a proteção do território e dos cidadãos continua a ser uma das funções mais importantes de um Estado, quer este tenha alargado as suas funções e responsabilidades, quer tenham surgido novos tipos de problemas. Por conseguinte, as políticas estatais em matéria de imigração e de controlo das fronteiras são geralmente estruturadas de forma muito rigorosa, a fim de garantir a segurança interna. Em particular, após o 11 de setembro, o mundo tem vindo a tornar-se mais cauteloso do que nunca em relação à imigração e ao controlo das fronteiras por razões de segurança. Neste sentido, a mobilidade dos refugiados pode ser vista como uma espécie de agenda global. Trata-se de um dos maiores desafios à soberania e ao território dos Estados atualmente.

Até à data, o regime internacional ou a teoria do regime pode tornar-se um tema de estudiosos das RI que se concentram especificamente na cooperação internacional e na provisão de bens públicos globais, e explora a forma como as instituições internacionais (como princípios formais e informais, normas, regras e procedimentos de tomada de decisão) realizam ou facilitam a cooperação internacional, ultrapassando os problemas de coordenação e colaboração. Como mencionado, a cooperação internacional é indispensável para abordar as agendas globais, incluindo a migração de refugiados, pelo que vale a pena tentar aplicar conceitos ou teorias do regime internacional ao estudo dos refugiados ou à prática da proteção dos refugiados.

Os estudiosos das RI têm dado uma variedade de respostas aos problemas de definição, mas a definição influente de Stephen Krasner de regime internacional como "princípios implícitos ou explícitos, normas, regras e procedimentos de tomada de decisão em torno dos quais as expectativas dos actores convergem numa determinada área das relações internacionais"[6] [7] deve ser notada. Derivado dessa definição, o regime global de refugiados pode ser considerado como representando o conjunto de princípios, normas, regras e procedimentos para regular as respostas dos estados à proteção dos refugiados.[8] Simplificando, este regime é equivalente ao atual quadro jurídico internacional

---

[6] Haggard & Simmons 1987

[7] Krasner 1983

[8] Benz & Hasenclever 2011; Betts 2010; Betts 2011

para a proteção dos refugiados. Alexander Betts observa que o regime de refugiados atual é composto principalmente por duas normas: "asilo" e "partilha de encargos". Enquanto a primeira (asilo) é considerada como estando relacionada com a concessão de proteção aos refugiados que chegam ao território desse Estado, a segunda (partilha de encargos) é considerada como a concessão de proteção aos refugiados que se encontram no território de outro Estado através da reinstalação ou de contribuições financeiras, por exemplo.[9] Em contraste com a noção de asilo que emergiu de um quadro normativo e jurídico forte, sustentado pelo princípio de *non-refoulemen,*[10] a partilha de encargos depende de um quadro normativo e jurídico fraco.[11] Como tal, as respostas ou contribuições dos Estados para a partilha dos encargos com os refugiados são quase inteiramente *ad hoc.*[12]

Já abordámos a visão geral do regime global de refugiados, mas o conceito de refugiados surgiu historicamente como um "problema" no contexto internacional.[13] De acordo com os resultados do modelo de produto conjunto, não há inevitabilidade para a perceção dos refugiados como um "fardo",[14] e, portanto, os discursos relacionados com os refugiados incluem termos negativos como "crise", "problema" e "fardo", e enquadram o refúgio como um "problema". Estes argumentos assumem os refugiados como pessoas miseráveis que não podem deixar de ter efeitos e influências negativas no país de acolhimento e na comunidade. Na realidade, os países que acolhem um grande número de populações de refugiados estão frequentemente entre os menos desenvolvidos do mundo e os refugiados que fogem para esses países encontram-se frequentemente a viver em áreas remotas e negligenciadas onde prevalecem elevados níveis de pobreza. Embora as suas vidas possam não estar em perigo imediato, é mais provável que os refugiados enfrentem limitações à sua liberdade de circulação, ao emprego e, nalguns casos, à educação, sufocando a sua capacidade de se tornarem membros produtivos de uma sociedade e, consequentemente, perpetuando a pobreza. Em muitos casos, a presença de populações de refugiados durante períodos prolongados tem um impacto económico e social a longo prazo no país e na comunidade de

---

[9] Betts 2011

[10] *"Non-refoulemen"* é o princípio segundo o qual os Estados devem abster-se de reenviar um refugiado para um Estado no qual ele ou ela tem um receio fundado de perseguição (Allain 2001; Lauterpacht & Bethleham 2001).

[11] Milner 2009; Thielemann 2003

[12] Betts 2011; 57

[13] Haddad 2008

[14] Betts 2003

acolhimento, se não for adequadamente resolvido, e a recente crise dos refugiados já tem vindo a exercer uma forte pressão sobre a capacidade de proteção dos países de destino.

No entanto, gostaria de colocar aqui uma questão relativamente ao pressuposto comum ou à perceção pública inconscientemente partilhada entre os discursos maioritários sobre os movimentos de refugiados. Por outras palavras, os meios de comunicação social e os discursos públicos tendem a rotular os migrantes refugiados como "fardos" para o país ou comunidade de acolhimento, mas será verdade? Será que os refugiados se tornam sempre um fardo para o país ou comunidade de acolhimento? Não haverá um caminho para os refugiados percorrerem sem se tornarem um fardo?

Os argumentos relativos ao fardo que pesa sobre os refugiados são fortemente aceites e os debates recentes centram-se na forma como o "fardo" e a "responsabilidade" devem ser partilhados pela sociedade internacional. No entanto, devemos ter em conta que existem muitas vezes concepções erróneas generalizadas sobre os próprios refugiados. Estes argumentos, que partem do princípio de que o país e a comunidade de acolhimento são sobrecarregados pelo facto de acolherem refugiados, baseiam-se frequentemente em anedotas ou histórias menos esclarecidas e não em análises científicas.

Embora se diga repetidamente que os refugiados são geralmente considerados como um fardo para o país e a comunidade de acolhimento, alguns estudos recentes começaram a sugerir que a suposição de que os refugiados são um fardo para o país e a comunidade de acolhimento é demasiado simplista e geralmente errada. Como resultado da exploração no Uganda, uma equipa de investigação do Centro de Estudos sobre Refugiados da Universidade de Oxford afirma que os refugiados contribuem frequentemente de forma positiva para a economia local.[15] A questão de saber se os refugiados são ou não um fardo depende de cada caso individual, mas o facto de os refugiados se terem tornado potencialmente um contributo para a comunidade de acolhimento deve ser tido em conta. Além disso, é preciso não negligenciar o facto de todos os refugiados terem as suas próprias vidas, tal como as pessoas que não são refugiadas. Antes de deixarem o seu país, tinham uma vida quotidiana com a sua família, amigos e vizinhos. A maioria dos refugiados do mundo está mais dependente de outras relações sociais e, em muitos casos, cria por si própria oportunidades de subsistência sustentável, mesmo que receba assistência

---

[15] Betts, Bloom, Kaplan & Omata 2014

humanitária após a sua deslocação.[16]

Há outro bom caso que deve ser analisado para reconsiderar as suposições amplamente difundidas com base nos argumentos relativos ao ónus dos refugiados: o caso dos refugiados butaneses. Este é o principal objeto deste livro. É um facto bem conhecido que, basicamente, os refugiados são quase incapazes de obter qualquer direito de trabalhar legalmente ou de possuir terras nos seus países de fuga. O mesmo acontece com os refugiados butaneses, que não podem ter qualquer direito legal ao abrigo das regras e regulamentos em vigor no Nepal, embora tenham contribuído para a economia local da área circundante do campo no Nepal Oriental, trabalhando nos campos de refugiados e nas suas imediações, bem como para a criação de economias e sociedades de refugiados. A sua viagem de reinstalação para o Sul da Austrália também tem muitas histórias para apoiar as discussões neste livro, porque os refugiados butaneses dão vários contributos para a comunidade de acolhimento no local de reinstalação, o Sul da Austrália. O próximo capítulo começa com uma explicação geral sobre os refugiados butaneses.

As origens dos refugiados butaneses

Os refugiados butaneses, descendentes de nepaleses que imigraram para o sul do Butão no final do século XIX, são o foco principal deste livro. Antes de nos debruçarmos sobre os temas mais específicos, este capítulo faz uma breve referência à história dos refugiados butaneses e explica as suas características gerais.

Druk Yul (o país do Dragão do Trovão, Butão) é um reino real situado nos Himalaias Orientais, que faz fronteira com a China a norte e com a Índia a sul, leste e oeste. O reino é governado por um monarca hereditário da classe dirigente pertencente à escola Drukpa do budismo tibetano desde 1907 e tem estado isolado de influências estrangeiras devido ao facto de não ter costa marítima. Atualmente, o Butão está separado do Nepal pelo Estado indiano de Sikkim, que foi um reino independente até 1975, mas a comunidade de língua nepalesa que historicamente habitava a região estende-se pelo Nepal e pela parte sul do Butão.[17] A primeira migração de pessoas de língua nepalesa para o Butão remonta a 1624,[18] , ao passo que a sua deslocação em massa começou após a guerra anglo-bhutanesa de 1865.[19] Mais de 60 000 nepaleses

[16] Ibid.

[17] Hutt 1996; Hutt 1997

[18] Mayilvagnan 2005

[19] Hutt 2005

foram trazidos como mão de obra pela família real para colmatar a falta de mão de obra no século XIX.[20]

No Butão, até há pouco tempo, não existia uma Constituição escrita, mas todos os nepaleses de etnia (chamados *Lhotsampa:* "Povo do Sul") obtiveram a cidadania plena na Lei da Nacionalidade do Butão de 1958, que previa a concessão de uma cidadania butanesa igual e plena a todos os que se estabeleceram no reino antes de 1958.[21] Na altura, a existência dos *Lhotsampa* era indispensável para o reino, porque as receitas fiscais deles provenientes constituíam a principal fonte de rendimento do reino.[22] Por outras palavras, o governo real não podia gerir o reino sem a existência de populações *Lotsampa*.

Infelizmente, porém, a sua existência transformou-se gradualmente numa ameaça para o governo real, à medida que o seu número e influência aumentavam rapidamente.[23] De acordo com o recenseamento de 1988, o povo *Lhotsampa representava* cerca de 45% da população total do Butão e conservava a sua língua, cultura e religião nepalesas. Tal como já foi referido, todas as pessoas que se estabeleceram no Butão antes de 1958 (incluindo os *Lhotsampas)* podiam obter a cidadania plena ao abrigo da Lei da Nacionalidade de 1958, mas os novos regulamentos sobre a cidadania de 1977 e 1985, bem como a Lei do Casamento de 1980, restringiram as condições de aquisição da cidadania e começaram a ameaçar a vida dos *Lhotsampa*[24] , porque o Governo do Butão estava preocupado com o rápido crescimento da população de *Lhotsampas* e considerava-os uma ameaça para a ordem política do reino. Em particular, a Lei da Cidadania de 1985 declarou muitos *Lhotsampas* como não nacionais. Isto significa que, desde então, perderam os seus direitos e a sua cidadania devido à sua ascendência.

Além disso, o recenseamento de 1988, que se diz ter sido efectuado apenas no sul do Butão, classificou a etnia nepalesa nas 7 categorias seguintes: F1: Autênticos butaneses; F2: Emigrantes regressados (aqueles que tinham deixado o Butão mas regressaram); F3: Desistentes (aqueles que não estavam disponíveis durante o período do recenseamento); F4: Uma mulher não nacional casada com um homem butanês; F5: Um homem não nacional casado com uma mulher butanesa; F6: Não nacionais (colonos ilegais); F7: Não

---

[20] Mayilvagnan 2005
[21] Hutt 1996; MoHA 1958
[22] Hutt 2005
[23] Ibid; Mayilvagnan 2005
[24] MoHA 1980; MoHA 1985; MoHA 1993

nacionais (colonos ilegais).[25] Após este recenseamento, tornou-se cada vez mais difícil para os *Lhotsampa* (a maioria dos quais foram classificados noutra categoria que não F1) permanecer no Butão, porque foram mais ou menos identificados como imigrantes ilegais.[26] Isto é, as pessoas a quem foi concedida a cidadania butanesa ao abrigo da Lei da Cidadania de 1958 perderam a sua cidadania em 1988. [27]

Desde a adaptação da política "Um Povo, Uma Nação", em 1989, o governo real do Butão impôs a toda a população do país códigos culturais como a utilização da língua *dzongkha*, a observância da religião e o uso do traje tradicional *drukpa (gho* para os homens e *kira* para as mulheres), a fim de promover uma identidade nacional distinta através de um renascimento da tradição *drukpa*.[28] Escusado será dizer que as crenças, a língua, as práticas e o traje da etnia nepalesa foram restringidos. Em consequência, por exemplo, a língua nepalesa foi retirada do currículo escolar e foram aplicadas multas ou penas de prisão a quem usasse algo que não fosse o traje tradicional *drukpa*.

Nestas circunstâncias, é natural que, no final da década de 1980, se tenham iniciado manifestações públicas contra as novas políticas do governo real. A primeira e mais influente figura que se manifestou foi Tek Nath Rizal. Era um dos principais líderes dos refugiados butaneses e membro do Conselho Consultivo Real do reino. No entanto, depois de ter pedido mais respeito pelos direitos humanos relacionados com o referido recenseamento, o governo butanês acusou Tek Nath Rizal de abusar da sua posição, fornecendo falsas respostas da população, e foi preso. "Após a sua detenção e a de outros activistas, no outono de 1989, o Governo do Butão pensou que tinha resolvido o problema e ficou chocado quando, em setembro de 1990, em muitas zonas do sul do país, eclodiram manifestações em massa, apelando à democracia e aos direitos humanos. A principal força por detrás destas actividades tinha sido a parte da população de língua nepalesa, mas também membros de outros grupos étnicos se juntaram a elas" (Manfred 2002; 48).

Todos estes protestos dos *Lhotsampa* contra as políticas do governo real foram

---

[25] Entrevista pessoal com refugiados butaneses na Austrália do Sul, 8 de agosto de 2016; AHURA Bhutan 1994; Hutt 1996; Piper 1995
[26] CoA 2007; RGB 1991

[27] De acordo com uma entrevista pessoal com refugiados butaneses no Sul da Austrália, foi efetivamente negada a cidadania a muitos nepaleses étnicos que não possuíam títulos de propriedade formais ou um registo de pagamento de impostos sobre a terra desde a década de 1950.
[28] Mayilvagnan 2005

reconhecidos como actividades anti-nacionais ou terroristas,[29] e o governo real começou a negar os direitos de cidadania às populações *Lhotsampa*. Nestas circunstâncias, alguns dos seus membros começaram a fugir do nível crescente de violência e perseguição do governo do Butão no início da década de 1990. Foi nesta altura que nasceram os refugiados butaneses, o que levou a que, na década de 1990, um número cada vez maior de pessoas *Lhotsampa* fugisse do reino para os países vizinhos, como o Nepal e a Índia. O problema aqui é que estas implementações do governo real foram efectuadas devido a diferenças religiosas e culturais. Este facto é aparentemente identificado como uma espécie de "limpeza étnica" fora do reino.

---

[29] Piper 1995; RGB 1991

Capítulo 2

Do horror à falta de esperança

Teria sido a situação mais desejável se o governo nepalês tivesse abordado por si próprio o grande afluxo de refugiados butaneses e resolvido os problemas relevantes nas conversações bilaterais com o governo real do Butão. No entanto, tal não era viável. O Nepal é um dos países menos desenvolvidos do mundo e, nessa altura, o país encontrava-se numa situação de convulsão política. Só o ACNUR e a comunidade internacional decidiram ajudar o Nepal criando vários campos de refugiados, apesar de o Nepal nunca ter assinado a Convenção de 1951 e de não existir legislação nacional sobre refugiados no país. Estima-se que cerca de 130 000 pessoas de etnia nepalesa tenham desistido de permanecer no Butão e fugido no final dos anos 80 e início dos anos 90, contrariando a imagem mundialmente propagada do Butão como "o país mais feliz do mundo".

No entanto, do ponto de vista jurídico, os refugiados devem ser tratados ao abrigo da legislação nacional nepalesa aplicável aos estrangeiros, uma vez que o Nepal não dispõe de qualquer legislação específica que regule os refugiados, nem assinou a Convenção relativa aos Refugiados de 1951 e o Protocolo relativo aos Refugiados de 1967.[30] Perante a emergência e o afluxo maciço de irmãos nepaleses, o Nepal solicitou a ajuda do ACNUR no início de 1992.[31] Quando um campo de refugiados é construído num país não membro do regime de refugiados, como é o caso do Nepal, é normalmente necessário elaborar um projeto jurídico especial para garantir o compromisso desse país, mas o Governo nepalês e o ACNUR trataram este caso numa base *prima facie*.

Para ser mais concreto, o governo nepalês detém formalmente as decisões e responsabilidades finais para determinar quem é autorizado a residir nos campos de refugiados, bem como as suas operações. Na prática, porém, o ACNUR e as organizações parceiras assumiram quase todas as funções de proteção dos refugiados butaneses, incluindo a determinação do estatuto de refugiado (RSD).

O ACNUR, em cooperação com o Governo do Nepal, o Programa Alimentar Mundial (PAM), a OIM e outras ONG parceiras, iniciou o funcionamento dos 7

[30] Mayilvagnan 2005
[31] ACNUR 2016b

campos de refugiados mais avançados. O número total de refugiados alojados em sete campos criados pelo ACNUR no leste do Nepal aumentou para mais de 100 000:
Beldangi 1, 2, e Extensão (52 756); Sanischare (21 320); Goldhap (9 632); Khudunabari (13.180); Timai (10.344).[32]

Mapa 1: Localização dos campos de refugiados butaneses no Nepal

Fonte: Human Rights Watch (2003)

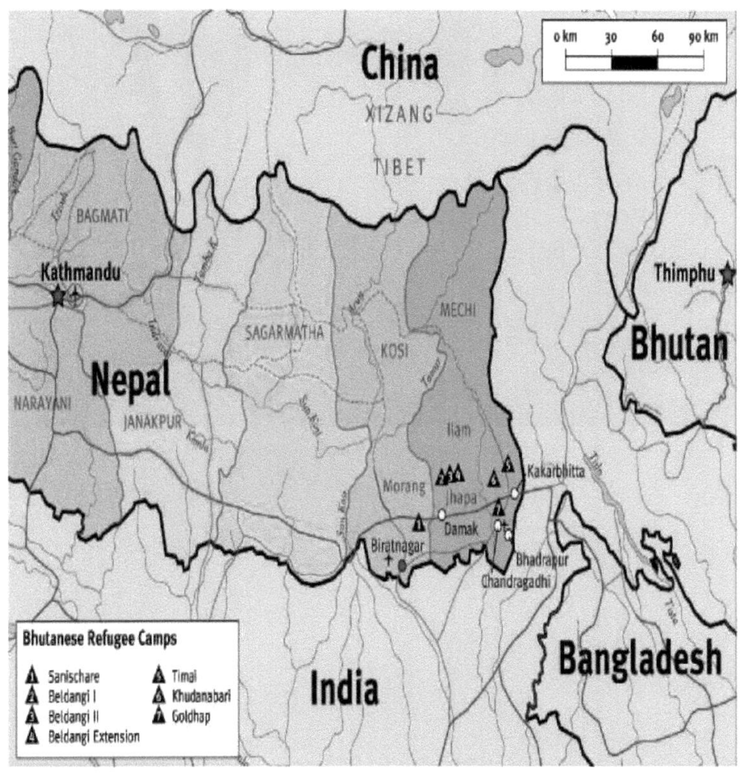

Platel: Uma fotografia da entrada principal do campo de refugiados de Beldangi. Oficialmente, o campo de refugiados está sob o controlo do ACNUR e separado das zonas nepalesas vizinhas, mas tanto os refugiados como os residentes locais circulam frequentemente pelo campo.

Placa2: Uma fotografia da estrada principal que atravessa o campo de refugiados de Beldangi. A estrada é uma das infra-estruturas mais importantes para o ACNUR e os seus parceiros realizarem um conjunto de actividades de ajuda ou apoio, pelo que a estrada está bem pavimentada. Esta estrada tem um papel muito importante tanto para os refugiados como para os trabalhadores humanitários.

Placa3: Uma fotografia das residências dos refugiados butaneses em Beldangi. As casas são construídas em bambu porque o governo nepalês não permite que os refugiados butaneses construam uma residência permanente em madeira.

Placa4: Uma fotografia de uma casa de bambu de refugiados butaneses em Beldangi.
A casa de bambu é bastante forte e robusta, pelo que este método de utilização do bambu foi utilizado para construir abrigos temporários para os evacuados após o terramoto de Gorkha em 2015 no Nepal Oriental.

Prato 5: Fotografia de um armazém de alimentos para refugiados butaneses em Beldangi. Os alimentos distribuídos pelo PAM são armazenados neste edifício.

Prato6: Fotografia de uma horta comunitária de refugiados butaneses em Beldangi. Os refugiados butaneses vendem legumes cultivados nesta horta a pessoas que entram e saem dos campos de refugiados.

Placa 7: Fotografia de uma instalação de montagem para refugiados butaneses em Beldangi. Os refugiados butaneses podem utilizar este edifício para actividades comunitárias.

24

Placa8: Uma fotografia de um gabinete do ACNUR em Beldangi. A entrevista para a reinstalação em países terceiros realiza-se neste edifício.

O ACNUR e a comunidade internacional esperavam inicialmente que o Nepal integrasse os refugiados butaneses e lhes concedesse direitos de cidadania nepalesa. Infelizmente, porém, o Nepal sofreu as suas próprias perturbações políticas, incluindo a rebelião maoísta desde 1995, bem como a abolição da monarquia nessa altura. Os sucessivos conflitos e a instabilidade política agravaram gravemente as dificuldades no país. Consequentemente, as reacções iniciais do Nepal em relação ao afluxo de irmãos do sul do Butão resultaram essencialmente de sentimentos e de simpatia étnica, uma vez que os partidos políticos e outras organizações do Nepal manifestaram abertamente a sua simpatia e apoio moral aos refugiados butaneses,[33] mas era impossível ir mais além.

Do mesmo modo que os argumentos relativos à sobrecarga de refugiados discutidos no primeiro capítulo, os refugiados são susceptíveis de serem vistos como um potencial causador de problemas para o país e a comunidade de acolhimento. Alguns defendem mesmo que os refugiados "são um produto de conflitos e de situações de insegurança, e a sua presença num determinado país, por sua vez, cria, contribui para ou exacerba conflitos, tensões e situações de insegurança".[34] Especialmente quando o país de acolhimento dos refugiados é um país do Sul em desenvolvimento, que se confronta com numerosos riscos, como o aumento da pressão demográfica, a instabilidade política e as dificuldades económicas, o país e a comunidade de acolhimento tendem a tratar os refugiados como migrantes indesejados, porque podem ameaçar ainda mais os problemas.

Apesar de os vários governos no poder na década de 1990 terem adotado uma política semelhante em relação ao problema dos refugiados butaneses, o Nepal não pôde deixar de repetir o seu argumento de que o Butão deveria retirar totalmente os refugiados dos campos de refugiados.[35] O governo do Nepal encetou repetidas conversações bilaterais com o governo real do Butão para resolver o problema dos refugiados butaneses, mas todas elas fracassaram devido à grande discrepância entre os dois governos. O Nepal continuou a negociar o regresso voluntário dos refugiados butaneses à sua terra natal, enquanto o Butão nunca mudou de opinião quanto ao facto de as pessoas que o Nepal considerava refugiados nunca terem sido cidadãos butaneses, mas sim nepaleses.

---

[33] Mayilvgnan 2005
[34] Baral & Muni 1996
[35] Hutt 2005

Perante esta discrepância, o Nepal não lutou voluntariamente por uma solução para o problema dos refugiados butaneses que não fosse o acolhimento de mais de 100.000 refugiados butaneses. Inicialmente, considerou-se que a integração local, ou seja, que o Nepal integrasse os refugiados butaneses no país, era a solução mais desejável, mas tal era inviável sem qualquer acordo do Governo nepalês. Devido à atitude imutável do Butão, o repatriamento voluntário também não era uma opção viável. Consequentemente, o problema dos refugiados butaneses foi suspenso até que todas as partes decidiram que a reinstalação num país terceiro era a única opção para que os refugiados butaneses pudessem beneficiar da proteção da cidadania em 2006.

Foram necessários cerca de vinte anos para resolver a situação prolongada dos refugiados butaneses. Durante estas duas décadas, a maioria dos refugiados permaneceu nos campos do Nepal Oriental. Como não podem estabelecer-se definitivamente no Nepal nem regressar ao Butão, muitas pessoas optaram por uma vida sem esperança nos campos de refugiados. À medida que a duração da sua estadia nos campos de refugiados no Nepal se torna cada vez mais longa, surge o problema da identidade.

Para os mais velhos, as memórias do Butão como pátria pacífica continuam a afetar em grande medida as suas vidas actuais e futuras, mas muitos dos jovens adultos não se lembram de nada. Além disso, muitas crianças refugiadas nascidas em campos de refugiados nunca conheceram a vida no Butão. Os campos de refugiados são a sua pátria, e este facto afectou mais ou menos a formação da sua identidade. Por outras palavras, a sua identidade moldou e foi moldada por contextos específicos para os butaneses nos campos de refugiados. Embora o desejo de repatriar para o Butão tenha entrado em conflito com a realidade de que a reinstalação num país terceiro continua a ser a única opção realista para os refugiados butaneses, estes esforçaram-se por manter as ligações com a sua terra natal através da língua, das roupas ou da narração de histórias. A identidade não é simplesmente uma questão de reprodução das tradições culturais, todas as práticas e pensamentos relativos à educação, ao trabalho, à religião, etc. têm uma grande influência. No final desta secção, enumerei vários pontos importantes quando se considera a formação ou a luta pela identidade dos refugiados butaneses que residem temporariamente em campos de refugiados no Nepal.

Religião, sistema de castas e papéis familiares

A maioria dos refugiados butaneses segue o hinduísmo. Segue-se o budismo tibetano e existem algumas minorias religiosas, incluindo o cristianismo, o Kirat, o Manav Dharma, o Lovismo, etc. Alguns converteram-se a outras religiões por muitas razões, incluindo problemas familiares, esperança num futuro melhor e ideias sobre a reinstalação. Muitos tendem a acreditar que a diferença religiosa se torna a principal causa de uma guerra ou de um conflito, mas isso não faz sentido, pelo menos neste caso. A identidade e as práticas das duas principais religiões (hinduísmo e budismo) dos refugiados butaneses sobrepõem-se significativamente umas às outras, embora a identidade religiosa seja importante para muitos butaneses, que exibem orgulhosamente vestuário religioso, bandeiras de oração e cartazes religiosos nos campos, bem como nas igrejas e templos bem conservados.

O sistema de castas é muito prevalecente e complexo entre os refugiados butaneses, bem como entre os hindus do Nepal e da Índia. Há um total de 64 castas nos campos de refugiados, e diz-se que os hindus constituem maioritariamente quatro castas (brâmanes, chetris, vaishyas e sudras). [36] Este sistema é incompatível com a norma ocidental moderna, mas ainda está vivo entre a comunidade de refugiados butaneses. Por exemplo, algumas famílias que são colocadas em alojamentos próximos umas das outras podem não socializar devido à diferença de castas, as famílias de castas mais baixas tendem a agir de forma passiva em relação às famílias de castas mais altas e uma certa casta alta não come nem bebe água preparada por outra pessoa que não ela própria ou fora da sua própria casa.[37]

Os refugiados butaneses têm originalmente uma sociedade patriarcal e os jovens têm de respeitar sempre os mais velhos, embora os papéis familiares possam ser grandemente alterados por muitos factores em muitas populações de refugiados. Por exemplo, no passado, as mulheres nos campos não tinham oportunidade de trabalhar fora de casa, assim como cozinhar, limpar, lavar e todas as outras tarefas domésticas eram trabalho de mulher, embora as mulheres desempenhem um papel ativo nos campos.[38]

Alimentação/água,

Os refugiados butaneses tomam geralmente duas refeições por dia e a sua dieta diária consiste em arroz, lentilhas e legumes, embora também seja possível comprar carne e peixe nos campos. Por conseguinte, o "cabaz alimentar" que o PAM distribui às famílias de refugiados butaneses é constituído por arroz (400 gramas), lentilhas (60 gramas), óleo vegetal (25 gramas), açúcar (20 gramas),

---

[36] OIM 2008
[37] Ibid
[38] Ibid

sal (7,5 gramas), mistura de trigo/milho/soja (35 gramas) e legumes da época (100 gramas).[39] Em comparação com a situação média dos campos de refugiados no mundo, pode dizer-se que os refugiados butaneses têm, em geral, melhor acesso a alimentos e a água do que a maioria dos campos de refugiados do mundo.[40]

Habitação e cuidados de saúde

As casas nos campos são construídas em bambu e a dimensão média dos agregados familiares nos campos é de seis a sete pessoas.

O acesso e a qualidade dos serviços de saúde nos campos de refugiados no Nepal também podem ser considerados muito melhores do que noutras situações de refugiados em todo o mundo, porque a Associação de Médicos da Ásia (AMDA), uma organização parceira do ACNUR, assume a responsabilidade global pelos serviços de saúde nos campos. Também prestam serviços médicos às populações nepalesas locais que vivem perto dos campos.[41]

Educação e formação

A educação dos jovens refugiados é altamente valorizada e os campos dispõem de uma grande variedade de escolas, desde o jardim de infância e abaixo dos cinco anos de idade até ao ensino primário e secundário. [42]Todas as crianças refugiadas têm acesso gratuito à educação até ao 10º ano e os estudantes recebem gratuitamente os manuais escolares nos campos. A Caritas, parceira do ACNUR responsável pelo apoio educativo nos campos de refugiados butaneses, apoia financeiramente as crianças com idades compreendidas entre o 10º e o 12º ano, pelo que muitas crianças dos campos frequentam internatos no Nepal e na Índia.[43]

Não só a educação de crianças e jovens, mas também a educação de adultos não pode ser ignorada. Pode ser considerada uma grande variedade de opções, mas a Caritas e outros parceiros estão a realizar programas abrangentes de

---

[39] Ibid

[40] Entrevista pessoal com um funcionário do ACNUR no gabinete do ACNUR em Damak, 10 de março de 2016

[41] Entrevista pessoal com um médico que trabalha para a AMDA no hospital da AMDA em Damak, 11 de março de 2016

[42] Entrevista pessoal com um funcionário do ACNUR no gabinete do ACNUR em Damak, 10 de março de 2016

[43] Entrevista pessoal com refugiados butaneses no Sul da Austrália, 8 de agosto de 2016

formação profissional em todos os sete campos.[44] Alguns dos cursos de formação incluem a reparação de computadores e telemóveis, carpintaria, canalização, construção e fabrico de sandálias, etc. Também é viável que os refugiados adultos tenham aulas de condução para se prepararem para a reinstalação.[45]

A língua principal e mais comum falada pelos refugiados butaneses é o nepalês. Quase todas as crianças criadas nos campos de refugiados aprenderam inglês na escola, mas muitas pessoas das gerações que não nasceram nos campos não sabem falar inglês. Por conseguinte, o ACNUR e os seus parceiros oferecem oportunidades de formação linguística para aprender inglês como preparação para a reinstalação num país terceiro.[46]

Emprego

Em princípio, os refugiados que habitam os campos não estão autorizados a sair dos mesmos e não lhes é concedida autorização legal de trabalho no Nepal. Na realidade, porém, é comum que muitos viajem livremente para fora dos campos e se dediquem ao trabalho informal.[47] Há relatos, por exemplo, de que os refugiados butaneses têm sido uma fonte importante e valiosa de empregos no ensino e na construção civil em todo o Nepal e na Índia.[48]

---

[44] Entrevista pessoal com um funcionário do ACNUR no gabinete do ACNUR em Damak, 10 de março de 2016; OIM 2008

[45] OIM 2008

[46] Entrevista pessoal com um funcionário do ACNUR no gabinete do ACNUR em Damak, 10 de março de 2016

[47] ICMC 2013

[48] OIM 2008

Capítulo 3

Uma solução duradoura para os refugiados do Butão

O regime global de refugiados assenta no entendimento não só de que os Estados têm a principal responsabilidade pela proteção dos refugiados,[49] mas também de que são os Estados que decidem em última instância até que ponto se comprometem. No caso da Austrália, por exemplo, não é verdade que o país aceite todos os refugiados referidos ou recomendados pelo ACNUR, porque a decisão final de conceder um visto cabe ao Departamento de Imigração da Austrália.[50] Assim, os problemas dos refugiados não podem ser resolvidos para sempre se os Estados não estiverem dispostos a conceder-lhes liberdade de circulação e direitos de trabalho. Esta é a base do atual regime global de refugiados. No entanto, as crescentes preocupações com os movimentos extremistas ou com o terrorismo, especialmente após o 11 de setembro, tornam os Estados cada vez mais relutantes em se comprometerem com a proteção dos refugiados, e a maioria dos Estados está a implementar políticas cada vez mais restritivas de controlo das fronteiras ou de asilo e imigração, porque a segurança dos seus territórios e dos seus cidadãos é fundamental e o mandato mais importante para os Estados. Os Estados vêem-se confrontados com o dilema de ponderar o seu dever moral e as suas obrigações humanitárias em relação ao desejo egoísta de reduzir ao mínimo o número de refugiados nos seus territórios.[51]

O ACNUR é a única e maior organização familiar das Nações Unidas mandatada para trabalhar na proteção internacional dos refugiados e dos apátridas. Os principais mandatos da organização no que diz respeito aos refugiados consistem em trabalhar para proporcionar proteção internacional aos refugiados e ajudar os governos a encontrar uma solução duradoura para os refugiados. O ACNUR trabalha em conjunto com os governos, a sociedade civil e outras organizações parceiras para proporcionar proteção e soluções duradouras para os refugiados. Como já foi referido, em princípio, a principal responsabilidade pela proteção dos refugiados deve ser atribuída aos Estados. No entanto, no que se refere à repartição dos encargos, foi necessário que o ACNUR desempenhasse um papel mais pró-ativo de facilitação política, convocando

[49] Betts, Loescher & Milner 2012
[50] Karlsen 2016
[51] Suhrke 1998

uma série de apelos *ad hoc*, conferências e outras iniciativas, a fim de persuadir os Estados doadores e de reinstalação, predominantemente do Norte, a contribuírem voluntariamente para apoiar o acesso dos refugiados à proteção e a soluções duradouras.[52] De facto, o ACNUR desempenha um papel de liderança na proteção internacional dos refugiados no mundo atual, e a organização trabalha arduamente para garantir que os Estados possam tomar as medidas necessárias para proteger os refugiados, os requerentes de asilo e outras pessoas que suscitam preocupação, ao mesmo tempo que a responsabilidade jurídica principal pela proteção dos refugiados é atribuída aos Estados. Escusado será dizer que a organização é um ator indispensável para a proteção internacional dos refugiados.

De acordo com o ACNUR, a proteção internacional dos refugiados pode ser definida como "todas as acções destinadas a garantir a igualdade de acesso e de gozo dos direitos das mulheres, dos homens, das raparigas e dos rapazes que interessam ao ACNUR, em conformidade com os organismos jurídicos pertinentes (incluindo o direito internacional humanitário, os direitos humanos e o direito dos refugiados)".[53] Este tipo de proteção, para a qual os governos, o ACNUR e os seus parceiros trabalham em conjunto, começa por garantir a admissão dos refugiados num país de asilo seguro, a concessão de asilo e o respeito pelos direitos humanos fundamentais, incluindo o direito de não ser forçado a regressar a um país onde a segurança ou a sobrevivência das pessoas refugiadas estejam ameaçadas (princípio da *não repulsão).* Estas actividades só podem terminar quando os refugiados puderem obter uma solução duradoura (repatriamento voluntário, integração local ou reinstalação em países terceiros). Assim, o ACNUR tem procurado encontrar uma solução duradoura para os refugiados, embora a realidade seja que um certo número de refugiados tem permanecido frequentemente numa situação de instabilidade prolongada.

No atual mecanismo internacional de proteção dos refugiados, existem três "soluções duradouras" diferentes, a saber (1) repatriamento voluntário; (2) integração local; e (3) reinstalação num país terceiro. A primeira opção, o repatriamento voluntário, significa que um refugiado pode regressar ao seu país de origem em segurança, com dignidade e em resultado da sua decisão livre e informada. A segunda, a integração local, consiste em conceder ao refugiado o direito permanente de se instalar no país de primeiro asilo como cidadão naturalizado. Por último, a reinstalação em países terceiros é uma forma de transferir um refugiado selecionado de um país de asilo para outro país que

---

[52] Betts 2011; 57

[53] ACNUR 2005.

tenha concordado em recebê-lo como refugiado com estatuto de residência permanente. Em cooperação com os Estados, o ACNUR está mandatado para procurar as possibilidades de proporcionar a todos os refugiados uma solução entre estas três opções, embora o êxito da aplicação de soluções duradouras dependa em grande medida da participação de outros actores, principalmente dos Estados.

Um aspeto que é necessário referir aqui é que, atualmente, não existe qualquer hierarquia entre estas três soluções duradouras. Por conseguinte, todos os refugiados merecem uma solução duradoura, quer se trate de repatriamento voluntário, de integração local ou de reinstalação num país terceiro, embora o acesso a qualquer solução duradoura seja frequentemente negado aos refugiados devido a falhas dos Estados e da comunidade internacional. De facto, durante uma década, nos anos 90, o regresso voluntário ou o repatriamento foram vistos como a solução mais desejável e viável entre as três opções, porque o mundo assistiu a muitos casos em que os refugiados regressaram a casa após o fim dos conflitos relacionados com a Guerra Fria nessa altura. Contudo, não era fácil manter as migrações voluntárias dos retornados e uma grande parte deles teve de ser novamente deslocada à força. Assim, atualmente, estas três soluções são complementares por natureza e têm uma estrutura não hierárquica, podendo, quando aplicadas em conjunto, constituir uma estratégia viável e abrangente para a resolução de uma situação de refugiados.

O Governo nepalês considera que os refugiados butaneses que vivem em zonas urbanas são residentes ilegais, estando sujeitos a pagar multas ou a serem detidos por terem ultrapassado o período de permanência. Por conseguinte, a integração local não é uma solução viável nem para os refugiados que vivem em campos nem para os que vivem em zonas urbanas. Em 2001, os governos do Butão e do Nepal colaboraram num exercício-piloto de seleção de refugiados butaneses num único campo (Khudunabari), sem a participação do ACNUR ou de outras agências. Não foram examinados mais de 12 000 refugiados - 75% foram considerados elegíveis para regressar ao Butão, enquanto 25% foram considerados "não butaneses", sem direito de recurso. Foram impostas condições específicas para o regresso dos 75% considerados elegíveis, o que, para a maioria, implicou a apresentação de um novo pedido de cidadania butanesa, nos termos da legislação discriminatória de 1985, após um período de estágio de 2 anos num campo fechado no Butão. Se esta condição não fosse aplicada, os refugiados butaneses que regressassem não teriam direito às suas terras ou propriedades anteriores.

Na sequência das 15 conversações bilaterais, o problema dos refugiados butaneses foi suspenso sem qualquer resultado acordado.[54] O Butão tem mantido a sua atitude de que as pessoas que se encontram nos campos de refugiados nunca foram cidadãos butaneses, exceto no que se refere ao facto de o reino ter reconhecido a sua plena responsabilidade por 293 pessoas no campo de Khudunabari, na sequência do "inquérito de verificação conjunta" realizado em 2001.[55] O repatriamento voluntário não é, por conseguinte, viável para muitos refugiados butaneses e a reinstalação continua a ser a única solução duradoura realisticamente disponível para

a grande maioria desta população.[56]

Nestas circunstâncias, o programa de reinstalação em países terceiros arrancou em 2007, em cooperação entre o ACNUR, a OIM e os oito países de destino (Austrália, Canadá, Dinamarca, Países Baixos, Nova Zelândia, Noruega, Reino Unido e Estados Unidos) que constituem o Grupo de Trabalho Central, desde que os Estados Unidos anunciaram pela primeira vez a sua disponibilidade para reinstalar até 60 000 refugiados butaneses em outubro de 2006, sem qualquer perspetiva de que os refugiados butaneses obtivessem a cidadania do Butão ou do Nepal.[57] Esta oferta fazia "parte dos esforços do ACNUR e do Grupo de Trabalho Central de países que estão a tentar encontrar uma solução duradoura".[58]

No início, o número de requerentes era inferior ao previsto pelo ACNUR, devido à falta de informações claras sobre a oferta de reinstalação ou sobre as perspectivas de outras soluções duradouras (repatriamento voluntário e integração local), mas o número de requerentes aumentou gradualmente em função da evolução da reinstalação em países terceiros. Os refugiados butaneses não podem estabelecer-se permanentemente no Nepal nem regressar ao Butão, pelo que muitas pessoas optam pela reinstalação num país terceiro. Segundo o ACNUR, mais de 100 000 refugiados butaneses foram reinstalados até à data: 83 978 nos Estados Unidos; 6379 no Canadá; 5541 na Austrália; 990 na Nova Zelândia; 874 na Dinamarca; 566 na Noruega; 358 no Reino Unido; e 327 nos Países Baixos,[59] para uma nova vida num novo país.

Tabela 1: Estatísticas de reinstalação (em 29 de fevereiro de 2016)

[54] Nepali Times 2014
[55] Hutt 2005; Mayilvgnan 2005
[56] ICMC 2013
[57] Human Rights Watch 2007
[58] Moriarty 2007
[59] ACNUR

País	Apresentação	Aceitação	Total de partidas
Austrália	6,069	5,508	5,692
Canadá	7,327	6,850	6,667
Dinamarca	961	887	874
Países Baixos	380	333	327
Nova Zelândia	1,444	1,064	1,002
Noruega	720	573	566
Reino Unido	415	363	358
Estados Unidos	97,827	88,689	86,166
Total	115,143	104,267	101,652

Fonte: ACNUR (2016b)

Considera-se que a reinstalação tem as três funções distintas seguintes no contexto da proteção internacional dos refugiados. Em primeiro lugar, é um instrumento para proporcionar proteção internacional aos refugiados com necessidades de proteção específicas e imediatas. Em segundo lugar, é uma estrutura no âmbito do mecanismo de partilha de responsabilidades

(por vezes designado por partilha de encargos) e uma expressão de
solidariedade para com os
países de asilo, principalmente nos países em desenvolvimento. Em terceiro
lugar, como já foi dito várias vezes,
a reinstalação é uma opção entre as três soluções duradouras que o ACNUR
tem vindo a
promover. O ACNUR
define a reinstalação como "a seleção e a
transferência de refugiados de um Estado no qual procuraram proteção para
um
Estado terceiro que aceitou admiti-los - como refugiados - com
estatuto de residência permanente

.

O estatuto concedido assegura a proteção contra a *repulsão*
e proporciona ao refugiado reinstalado e à sua família ou pessoas a seu cargo
o acesso
a direitos semelhantes aos dos cidadãos nacionais. A reinstalação implica
igualmente
a possibilidade de se naturalizar cidadão do país de reinstalação.
país de reinstalação".[60]

São necessárias algumas condições prévias para promover a reinstalação em
países terceiros. A primeira e mais importante condição diz respeito à seleção
dos refugiados que podem ter acesso à oportunidade de reinstalação. Quem
pode ser reinstalado? A reinstalação é uma das três soluções duradouras que o
ACNUR promoveu para os refugiados, como já foi explicado, mas esses lugares
são bastante limitados. No sistema do mundo moderno, todos os Estados
soberanos restringem as suas fronteiras e os seus controlos de imigração. É
evidente que um Estado decide em última instância quem pode entrar nas suas
fronteiras, e o reconhecimento dos refugiados continua a ser muito discricionário
para cada Estado, enquanto o regime global de refugiados tem uma conceção
universal para a proteção internacional dos refugiados, incluindo os problemas
de definição ou reconhecimento. Muitos Estados também restringem as suas
políticas de reinstalação de refugiados e, em última análise, depende da vontade
positiva de um Estado aceitar ou não um determinado grupo de refugiados no
seu território. Neste sentido, a reinstalação tem um envolvimento significativo na
determinação do estatuto de refugiado, uma vez que a oportunidade de
reinstalação normalmente só está disponível para uma pessoa que seja

---

[60] ACNUR 2011

legalmente reconhecida como refugiado pelos potenciais países de acolhimento.

Na prática, a seleção e a determinação dos refugiados que podem ser reinstalados são frequentemente realizadas pelo ACNUR e pelos seus parceiros, ou altamente influenciadas pelas suas opiniões. Isto significa que a reinstalação é um tipo de atividade de parceria com a qual vários intervenientes se comprometem. Proporcionar uma oportunidade de reinstalação num novo país depende do êxito e da eficácia da cooperação entre os vários intervenientes relevantes que trabalham em contextos internacionais, nacionais, regionais e locais em todo o mundo. Numa primeira fase, por exemplo, a cooperação e o diálogo entre os países de origem e de asilo e o ACNUR são essenciais para a execução das operações de reinstalação. Os países de asilo e os países de destino da reinstalação são responsáveis pelas decisões importantes que afectam os processos de reinstalação. Os diferentes actores têm responsabilidades e papéis diferentes nos processos de reinstalação. Idealmente, é sempre necessário estabelecer qualquer tipo de parceria ao longo de todo o processo do programa de reinstalação, desde a fase de identificação e encaminhamento, passando pelo tratamento da reinstalação, a seleção e a viagem, até à receção e integração nos países de acolhimento.

No caso da reinstalação dos refugiados butaneses, que é o tema central deste livro, todas estas actividades de parceria decorreram numa atmosfera relativamente desejável, apesar de o país de asilo, o Nepal, não ter estado tão disposto a fazer avançar esta reinstalação no início. Para começar, o ACNUR e os oito destinos (Austrália, Canadá, Dinamarca, Países Baixos, Nova Zelândia, Noruega, Reino Unido e Estados Unidos) estabeleceram boas relações de parceria. Enquanto o ACNUR procurava uma solução duradoura para os problemas dos refugiados butaneses, estes oito países estavam também altamente motivados para trabalhar em prol dos problemas dos refugiados em todo o mundo, incluindo o caso dos refugiados butaneses. Em suma, estes países tinham objectivos semelhantes aos do ACNUR e, por isso, não é exagero dizer que os objectivos dos oito países de destino existiam, no ponto de partida, como um motor crucial para encontrar uma solução de reinstalação bem sucedida. Se estes países não tivessem trabalhado nesta difícil tarefa em conjunto com o ACNUR e os outros parceiros, uma parte significativa dos refugiados butaneses continuaria a permanecer nos campos de refugiados.

A existência de organizações parceiras do ACNUR é também inesquecível no domínio da reinstalação em países terceiros. Hoje em dia, é do conhecimento geral que as ONGs são um ator influente da sociedade recente, embora haja uma grande variedade de diferenças em termos de escala, objetivo ou finalidade, atividade, etc., entre as organizações ou grupos de pessoas que são classificados como ONGs. A sua influência é cada vez maior em vários domínios, sendo o problema dos refugiados um deles. De facto, as ONG têm desempenhado um papel central nos processos e programas de reinstalação a nível mundial e nacional, especialmente no contexto das operações e actividades de apoio no terreno. Nos campos de refugiados do Leste do Nepal, as ONG têm desempenhado funções específicas de assistência aos refugiados no âmbito da gestão global dos campos de refugiados pelo ACNUR. Por exemplo, a AMDA é responsável pelo apoio médico e a CARITAS pela assistência educativa.[61] Por conseguinte, a estruturação da coordenação entre o ACNUR e as organizações parceiras é muito importante para o bom funcionamento dos campos de refugiados.

Este capítulo faz um resumo da história do processo de reinstalação dos refugiados butaneses e descreve as práticas desse processo de reinstalação. Com o passar do tempo, um número crescente de refugiados butaneses optou por se reinstalar em países terceiros, recorrendo aos programas de oferta do ACNUR, e os países de acolhimento, em especial o Canadá, a Austrália e os Estados Unidos, têm vindo a alargar progressivamente as suas quotas de aceitação de refugiados butaneses.

De acordo com os resultados do inquérito sobre o perfil dos refugiados residentes nos campos realizado pelo ACNUR em 2015, mais de metade dos inquiridos (54%) manifestou interesse na reinstalação num país terceiro, 30% dos inquiridos esperavam regressar ao Butão e 14% desejavam permanecer no Nepal ou na Índia, enquanto 2% estavam indecisos.[62] Em março de 2016, menos de 18 000 refugiados viviam nos dois campos restantes (Beldangi e Sanischare) e estima-se que a população seja de cerca de 10 000 pessoas até ao final do ano.[63]

Após a reinstalação

Desde o início da reinstalação em países terceiros em 2007, mais de 100 000 refugiados butaneses foram reinstalados. A reinstalação em países terceiros é um instrumento muito poderoso para resolver as situações prolongadas de refugiados, embora seja geralmente bastante limitada a um número muito pequeno de refugiados em todo o mundo, uma vez que necessita de uma série

[61] Entrevista pessoal com um funcionário do ACNUR no gabinete do ACNUR em Damak, 10 de março de 2016

[62] ACNUR 2016a

[63] Entrevista pessoal com um funcionário do ACNUR no gabinete do ACNUR em Damak, 10 de março de 2016

de condições prévias para alcançar uma solução duradoura. Seria irrealista oferecer essa oportunidade a todos os outros refugiados, para além dos butaneses, mas o caso da reinstalação dos refugiados butaneses seria um esclarecimento para demonstrar que a reinstalação pode oferecer muita emoção e esperança num futuro seguro para os refugiados, por um lado.

Por outro lado, no entanto, também é preciso notar que a reinstalação nunca é uma boa solução em qualquer altura. A oportunidade de reinstalação tem efeitos e influências boas e más na vida dos refugiados. Trouxe muitas mudanças quotidianas para todos os refugiados butaneses. É quase impossível pintar um quadro cor-de-rosa para todos e, por isso, são relatados muitos casos de antagonismo entre os recém-chegados e as pessoas que residem há muito tempo. Atualmente, por exemplo, uma elevada taxa de suicídios e de doenças mentais entre as pessoas reinstaladas no Butão tem sido um problema social nos Estados Unidos.[64]

Ao longo da entrevista pessoal com os trabalhadores humanitários sobre a reinstalação de refugiados butaneses, descobri que a Austrália é atualmente reconhecida como um destino desejável por muitos refugiados butaneses. Todos os meus informadores neste estudo responderam que, até à data, os casos de reinstalação de refugiados butaneses na Austrália não causaram grandes problemas nem aos refugiados nem aos residentes na comunidade de acolhimento. Os refugiados butaneses gostam da sua nova vida e trabalham de bom grado para a comunidade de acolhimento, por um lado, e os residentes locais acolhem os refugiados e tentam criar uma boa relação com eles, por outro.

Em caso afirmativo, na Austrália, porque é que os refugiados butaneses se integraram com êxito na comunidade de acolhimento? O que é que permitiu uma situação tão desejável? Na verdade, durante a minha investigação de campo no Sul da Austrália, testemunhei uma boa atmosfera entre os refugiados butaneses, bem como entre os refugiados e a comunidade de acolhimento. A comunidade butanesa deu um contributo positivo para a comunidade de acolhimento, trazendo benefícios socioeconómicos. Porque é que os refugiados butaneses não têm antagonismos com a comunidade de acolhimento? Dado que o caso dos refugiados butaneses no Sul da Austrália é bem sucedido, que factores determinam o sucesso da integração? Estas são as questões-chave para a discussão nesta secção. Explorar as respostas às perguntas acima referidas teria boas implicações para a nossa compreensão dos impactos dos refugiados

---

[64] Entrevista pessoal com um funcionário do ACNUR no gabinete do ACNUR em Damak, 10 de março de 2016

e da migração forçada na comunidade de acolhimento. Também ajudariam a derrubar a noção de que "os refugiados são um fardo", firmemente enraizada no discurso recente em torno dos refugiados.

Entre os oito países de acolhimento, depois dos Estados Unidos e do Canadá, a Austrália é o principal país a aceitar refugiados butaneses dos campos de refugiados miseráveis do Nepal. Mais especificamente, a Austrália anunciou a aceitação de 5.000 refugiados butaneses através do Programa Humanitário Especial (PHE) em 2008.[65] Até à data, cerca de 60 000 ou mais refugiados butaneses foram reinstalados e a sua população e comunidade têm vindo a expandir-se lentamente, mas de forma contínua.[66] Atualmente, considera-se que os refugiados butaneses estão espalhados por todo o país, mas uma parte significativa (provavelmente mais de 50%) reside no Sul da Austrália. Mais especificamente, descobriu-se que a maior comunidade butanesa existe em torno de Salisbury, uma área suburbana da capital da Austrália do Sul, Adelaide.[67] Salisbury situa-se no extremo norte de Adelaide (a capital do Estado da Austrália do Sul), o que está de acordo com os dados do Quadro 2.

Tabela 2: Áreas de residência dos sul-australianos nascidos no Butão em 2011

Adelaide - Central e Hills	32	4.5%
Adelaide - Norte	590	83.7%
Adelaide - Sul	20	2.8%
Adelaide - Oeste	50	7.1%
Região da Austrália do Sul	10	1.4%

---

[65] DIAC 2014

[66] Entrevista pessoal com o presidente da comunidade de refugiados butaneses no Sul da Austrália, 8 de agosto de 2016

[67] Entrevista pessoal com refugiados butaneses no Sul da Austrália, 8 de março de 2016

Sem endereço habitual (SA)	3	0.4%
Total	705	100.0%

Fonte: Multicultural SA (2014)

O resultado do Censo de 2011 usa o termo "sul-australianos nascidos no Butão", mas quase todos eles são identificados como refugiados butaneses de campos no Nepal, porque informaram que migraram em 2008 ou mais tarde.[68] De facto, a maioria dos informadores refugiados da minha investigação na Austrália do Sul trabalha e reside em Salisbury.

A Austrália tem sido um forte apoiante dos esforços internacionais para resolver situações prolongadas de refugiados em todo o mundo e ofereceu ofertas de reinstalação ao abrigo do Programa Humanitário da Austrália para refugiados de países como o Afeganistão, a Birmânia e Estados africanos, bem como para refugiados do Butão.[69] Atualmente, vivem na Austrália milhares de refugiados. Acredita-se também que os cidadãos australianos têm, em geral, mais respeito pelo multiculturalismo e uma mente mais aberta às diferenças culturais devido às experiências de imigração de longa data na Austrália e, em particular, na Austrália do Sul, onde as minorias étnicas, incluindo os refugiados, são parte integrante de uma comunidade próspera e próspera. De facto, os australianos do Sul provêm de cerca de 200 países e 350.000 pessoas (mais de 20%) nasceram no estrangeiro.[70]

Na Austrália do Sul, cada grupo étnico cria normalmente a sua própria organização comunitária e os refugiados butaneses organizam a Bhutanese Australian Association of South Australia (BAASA). Em comparação com outros grupos étnicos, diz-se que os butaneses têm um forte sentido de família e de comunidade. As fortes ligações entre a família alargada e os vizinhos são muito importantes. Assim, por exemplo, cuidar dos idosos é um trabalho não só da família, mas também da comunidade. Esta é a razão pela qual eles podem facilmente estabelecer e manter a sua organização comunitária, BAASA. O

---

[68] Multicultural SA 2014

[69] Entrevista pessoal com um trabalhador de uma ONG local na Austrália do Sul, 9 de agosto de 2016; DIAC 2009

[70] Multicultural SA n.d.

principal objetivo da BAASA é criar uma comunidade melhor para os refugiados butaneses, tendo tentado de bom grado estabelecer boas relações dentro e fora da sua comunidade.[71] Assim, a BAASA tem funcionado melhor na organização da sua comunidade e tem ainda expandido as suas funções, apesar de já terem passado mais de oito anos desde que a primeira família de refugiados butaneses se reinstalou na Austrália.

Não é assim tão fácil criar uma situação que seja desejável para todos os membros dos refugiados e para os residentes locais no país e na comunidade de acolhimento. Devido aos relatos dos meios de comunicação social ou à literatura pessimista sobre os problemas desastrosos dos refugiados, o público em geral no país de acolhimento e na comunidade tende a imaginar que o afluxo maciço de refugiados causa uma série de problemas socioeconómicos. Embora não seja muito claro se esses problemas surgem realmente, essas ideias provocam frequentemente um antagonismo sem sentido entre os refugiados e os residentes locais da comunidade de acolhimento, apesar de serem mal-entendidos.

No entanto, os refugiados podem potencialmente dar origem a benefícios económicos, sociais e culturais para a comunidade de acolhimento, contrariamente ao mito generalizado e não esclarecido de que os refugiados se tornam um fardo para o país e a comunidade de acolhimento. Na realidade, os refugiados têm uma grande força mental e física, e estas características influenciam-nos muitas vezes a ter um grande desejo de ter sucesso na construção de uma vida nova e melhor.[72] Há muitos casos que demonstram que os refugiados não são um fardo para o país de acolhimento e para a comunidade, apesar de este tipo de caso ser pouco notado. A reinstalação de refugiados butaneses na Austrália do Sul é um bom exemplo que corrobora o meu argumento de que os refugiados nunca foram um fardo para o país e a comunidade de acolhimento.

De acordo com os cálculos do Departamento de Serviços Humanos do governo australiano, os refugiados podem ganhar um mínimo de AUD 50.000 (USD 38.362) por ano sem fazer nada para além de estarem no país,[73] mas, mais importante ainda, os refugiados podem potencialmente dar contributos inestimáveis no mundo dos negócios, no mundo académico, na literatura e em todos os outros domínios da vida, se lhes for dada a oportunidade.[74] Os

[71] Entrevista pessoal com refugiados butaneses no Sul da Austrália, 8 de março de 2016
[72] Stevenson 2005
[73] O Novo Observador 2016
[74] Steven 2005

refugiados butaneses, tanto homens como mulheres, têm tido um enorme sucesso na Austrália do Sul, e um número crescente deles está a comprar casa a longo prazo recorrendo a uma hipoteca da HomeStart, uma organização financeira do Governo da Austrália do Sul.[75]

Todas as pessoas que conheci nas minhas actividades de trabalho no terreno, incluindo os trabalhadores humanitários e os próprios refugiados, disseram que os refugiados butaneses tinham fortes desejos para o seu futuro. Muitos dos refugiados butaneses, fossem eles mais novos ou mais velhos, homens ou mulheres, de casta alta ou baixa, estavam ansiosos por trabalhar fora, aprender inglês e adquirir outras competências para a vida. Desejavam, nomeadamente, ter uma vida melhor e segura para os seus filhos. Procuravam uma forma melhor de dar uma boa oportunidade de educação e emprego à geração mais nova. Estas são as características que não só os refugiados butaneses, mas também os refugiados em geral, possuem. Ninguém é apenas um refugiado. Ninguém escolhe ser refugiado. É claro que o mesmo acontece com os refugiados butaneses, que têm lutado muito para resolver sozinhos a sua situação desesperada. Embora a comunidade internacional tenha apoiado os refugiados butaneses através das actividades práticas do ACNUR e dos seus parceiros, e esses apoios tenham sido uma grande ajuda, os refugiados butaneses também foram independentes e ganharam a vida sozinhos. Este carácter não pode ser esquecido para considerar a sua reinstalação bem sucedida.

No que respeita aos seus princípios religiosos, os refugiados butaneses, a maioria dos quais segue o budismo hindu ou tibetano, gostam de cuidar da paz de espírito que conduz à sua mentalidade resistente mas pacífica. Os aspectos mentais ou psicológicos dos próprios refugiados são normalmente ignorados, mas este aspeto tem vários efeitos positivos num conjunto de actividades de apoio. Estas actividades contribuem para garantir a paz nos campos de refugiados e ajudam o ACNUR e os seus parceiros a trabalhar sem problemas e em segurança nos campos e nas suas imediações. Estas características contribuíram para que alguns dos refugiados butaneses pudessem adquirir competências e experiência de trabalho como professores, agricultores, alfaiates, tecelões ou profissionais de saúde antes da sua reinstalação. Atualmente, dão um grande contributo, transferindo as suas competências e experiências para a comunidade de acolhimento na Austrália do Sul.

Atualmente, as alterações demográficas e, em especial, o envelhecimento da população são grandes problemas para a Austrália. A Austrália do Sul já

___

[75] HomeStart 2014ab; Marcus 2015

enfrenta um risco de escassez de mão de obra, como já foi referido no sector agrícola,[76] e, especialmente, nos sectores da engenharia e da tecnologia científica, da saúde, dos cuidados infantis e da educação, estão a surgir problemas de escassez de mão de obra qualificada ou de recrutamento.[77] Entre a comunidade de refugiados, a maioria das gerações mais jovens está altamente motivada para trabalhar e estudar na Austrália e está a tentar contribuir para a comunidade de acolhimento.[78] Os trabalhadores refugiados têm potencial para satisfazer as necessidades futuras de mão de obra. Escusado será dizer que o governo australiano não despendeu muitos custos com a reinstalação de refugiados butaneses. No entanto, os benefícios que os refugiados trazem a longo prazo devem compensar os custos a curto prazo.

Prato 9: Fotografia de uma cerimónia religiosa do hinduísmo. Os refugiados butaneses estão ansiosos por manter as suas tradições religiosas ou culturais nos seus locais de reinstalação.

---

[76] O Conselheiro 2017
[77] DE 2016
[78] Entrevista pessoal com refugiados butaneses no Sul da Austrália, 8 de março de 2016

Placa10: Uma cerimónia religiosa do hinduísmo no Sul da Austrália.

45

Placa11: Uma fotografia da festa de casamento de refugiados butaneses no Sul da Austrália. A festa foi celebrada num casamento ao estilo nepalês.

Prato12: Uma fotografia da cerimónia de casamento de refugiados butaneses no Sul da

Austrália. Os noivos usavam os trajes tradicionais da sua tribo.

Prato13: Uma fotografia de homens refugiados butaneses a jogar Carrom (ou Karrom). O Carrom é um jogo de tabuleiro muito popular no Sul da Ásia.

Prato14: Fotografia da residência de uma família de refugiados butaneses no sul da Austrália. A residência é fornecida pelo governo australiano e os refugiados butaneses podem desfrutar do estilo de vida ocidental.

49

Placa15: Fotografia de uma placa de sinalização na vedação de um jardim de infância na Austrália do Sul. A Austrália do Sul tem uma variedade de minorias étnicas e as pessoas estão ansiosas por criar um ambiente melhor para que todos possam viver lá.

Próximos desafios

No capítulo anterior, argumentou-se sobre a possibilidade de tanto os refugiados como o país e a comunidade de acolhimento poderem beneficiar da reinstalação em países terceiros, com o caso dos refugiados butaneses reinstalados no Sul da Austrália. A comunidade internacional orgulha-se do facto de a reinstalação dos refugiados butaneses ser o maior e mais bem sucedido programa de reinstalação do mundo,[79] e pode ser um bom precedente para as soluções actuais e futuras dos problemas dos refugiados. Após as experiências prolongadas e instáveis nos campos de refugiados no Nepal Oriental, o problema dos refugiados butaneses está agora a tomar um novo rumo. O número de refugiados residentes nos campos diminuiu de mais de 100 000 para cerca de 18 000. Atualmente, o número continua a diminuir gradualmente e o problema está a chegar ao fim. No entanto, continuam a existir alguns problemas relacionados com os refugiados butaneses. Esta secção centra-se principalmente nos dois pontos que continuam a ser problemáticos para os refugiados butaneses.

[79] OIM 2015; Preiss 2016; ACNUR 2015

Em primeiro lugar, a reinstalação em países terceiros nunca se processa num ambiente favorável a todas as pessoas reinstaladas. Embora eu tenha salientado os aspectos positivos da reinstalação em países terceiros, não podemos esquecer que muitos dos refugiados butaneses que vivem agora felizes no Sul da Austrália fizeram muitos esforços e ultrapassaram muitos obstáculos para chegar até hoje. Mesmo na atual comunidade de refugiados butaneses no Sul da Austrália, muitos ainda enfrentam desafios relacionados com a língua, o emprego, a educação, a aprendizagem de competências técnicas e a compreensão da vida numa nova cultura. Os próprios refugiados reconhecem que é difícil, especialmente para os refugiados recém-chegados, compreender os serviços sociais, o sistema de saúde e os seguros na Austrália do Sul, bem como habituar-se ao estilo de vida ocidental.[80] Muitos, em particular os mais velhos, gostam de manter as suas culturas, costumes e práticas tradicionais após a sua reinstalação. Este facto tem uma boa influência na sua adaptação à vida num novo local, porque os ajuda a sentir-se tranquilos, mas por vezes torna-se um obstáculo à sua adaptação social e cultural, causando um conflito de costumes e práticas tradicionais. Isto pode levar a outro problema, como causar-lhes sofrimento psicológico ou outras doenças mentais, por exemplo.

O segundo ponto, mais importante, diz respeito à forma de pôr termo ao problema dos refugiados do Butão. Por outras palavras, que opção pode a comunidade internacional oferecer aos refugiados que permanecem nos campos? Qual é a solução desejável e possível para eles? Contrariamente ao facto de os refugiados de todo o mundo dificilmente terem acesso a uma oportunidade de reinstalação, muitos dos refugiados butaneses puderam ter acesso a essa oportunidade, independentemente de ser ou não a solução mais desejável para eles. No entanto, temos de reconhecer que ainda há alguns refugiados que não querem ser reinstalados.

Em 2014, os refugiados butaneses já não figuram na lista de situações prioritárias do ACNUR, mas continuam a existir cerca de 18 000 a 19 000 refugiados para os quais deve ser encontrada uma solução duradoura até ao final de 2014.[81] A operação do ACNUR para a reinstalação em países terceiros foi sempre provisória e ainda não se sabe por quanto tempo o ACNUR conduzirá essa operação, porque é influenciada por numerosos factores. Esta operação depende também em grande medida da evolução e da situação dos campos de refugiados e dos locais de reinstalação, pelo que o ACNUR tem

---

[80] Entrevista pessoal com refugiados butaneses no Sul da Austrália, 8 de março de 2016
[81] ICMC 2013

renovado repetidamente a sua ação a curto prazo.[82]

Os refugiados do Butão não têm uma opinião uniforme sobre o seu futuro, o que é necessário ter em consideração. Em resultado de um cálculo muito complexo, mais de 100 000 pessoas decidiram optar pela reinstalação num país terceiro, mas nem todas elas esperavam essa solução à partida. Pelo contrário, o repatriamento seguro para a sua terra natal no Butão era o mais popular entre eles.

Cada pessoa ou cada família tem opiniões diferentes. Enquanto a operação do ACNUR para a reinstalação em países terceiros continuar, cada vez mais refugiados aproveitarão essa oportunidade e fugirão para um novo destino. No entanto, há informações de que cerca de 2 300 das populações que permanecem nos campos do Nepal não manifestaram qualquer desejo de serem reinstaladas num país terceiro,[83] embora estas pessoas tenham compreendido bem que as soluções alternativas parecem improváveis, dado que as posições dos governos do Nepal e do Butão não se alteraram. De facto, desde os anos 90 que se fala em regressar ao Butão, mas tal não aconteceu nas últimas duas décadas.

Em suma, algumas pessoas teimam em mudar de ideias e continuam a querer repatriar-se para o Butão. Algumas pessoas estão um pouco interessadas na reinstalação em países terceiros, mas ainda se interrogam se farão realmente uso dessa oportunidade. Algumas pessoas pretendem permanecer nos campos de refugiados. Assim, a situação nunca se alterou, embora se tenha tornado mais complexa e pouco clara. Se os restantes 18.000 refugiados não forem todos reinstalados nos países ultramarinos, os seus problemas de reinstalação manter-se-ão.

Não é realista continuar a operação atual, em que o ACNUR ou a comunidade internacional procuram a possibilidade de reinstalação em países terceiros e ajudam a gerir e a organizar um conjunto de actividades de apoio nos campos de refugiados, no contexto do caso dos refugiados butaneses. Com o passar do tempo e a diminuição da população nos campos de refugiados, os orçamentos totais para a gestão dos campos no Nepal Oriental têm vindo a diminuir drasticamente. O início do programa de reinstalação em países terceiros terá também provocado várias mudanças na vida dentro e fora dos campos de refugiados no Nepal. No entanto, a redução do apoio do ACNUR e

---

[82] Kevin Allen, representante do gabinete do ACNUR no Nepal, afirmou que o último programa de reinstalação em grande escala deveria inicialmente estar concluído em dezembro de 2015 (Maung 2016). Na realidade, porém, será mais longo e continuará pelo menos nos próximos dois anos.
[83] Dhakal n.d.

dos seus parceiros significa que a vida nos campos pode estar a tornar-se muito difícil.[84] Nestas circunstâncias, é muito difícil para a comunidade internacional pôr termo ao problema dos refugiados butaneses.

A ideia de uma utilização estratégica da reinstalação[85] deve ser tida em conta quando se analisam as questões relacionadas com as populações remanescentes nos campos de refugiados do Butão. O que é o "estratégico"? A reinstalação é uma componente estratégica importante nas negociações e nos acordos formais entre os países de asilo, o ACNUR e as suas organizações parceiras. Como já foi referido, todos os refugiados merecem uma solução duradoura, quer se trate de repatriamento voluntário, de integração local ou de reinstalação num país terceiro, e não existe qualquer hierarquia entre estas três opções. A reinstalação é normalmente uma opção importante para os indivíduos que não podem ser repatriados ou autorizados a permanecer permanentemente no país de asilo. No entanto, embora a reinstalação em países terceiros pareça ideal e a única solução possível para os refugiados butaneses, pode ser perigoso apresentá-la como a "solução preferida" para todos, uma vez que uma parte significativa dos refugiados butaneses que permanecem nos campos continua a procurar formas alternativas. Essa vontade deve ser respeitada e tida em consideração. Em suma, para os refugiados que ainda têm esperança noutras soluções, a possibilidade de reinstalação deve continuar a ser uma opção. A utilização estratégica da reinstalação em países terceiros consiste em utilizar esta opção como uma solução provisória. Ao promover a reinstalação em países terceiros, a comunidade internacional tenta assegurar o acesso contínuo a protecções alternativas e procurar condições mais favoráveis até encontrar a melhor solução. A utilização estratégica da reinstalação em países terceiros pode potencialmente desbloquear soluções alternativas duradouras, criando um ambiente de proteção mais favorável e forjando estratégias de soluções abrangentes.

---

[84] Para fazer face a estas situações, muitos refugiados butaneses no Sul da Austrália enviaram remessas de dinheiro para a sua família ou parentes nos campos de refugiados. Graças ao fluxo de remessas das pessoas reinstaladas, algumas pessoas melhoraram a sua vida nos campos de refugiados. Também foi relatado que algumas pessoas têm dinheiro nas mãos e são capazes de iniciar pequenos negócios e indústrias, comprar bens para viver e pagar uma boa educação para os seus filhos nos campos (entrevista pessoal com um funcionário do ACNUR e um médico de uma ONG local em Damak, 10-11 de março de 2016).

[85] O ACNUR define a utilização estratégica da reinstalação como "a utilização planeada da reinstalação de forma a maximizar os benefícios, direta ou indiretamente, para além dos recebidos pelo refugiado a ser reinstalado. Esses benefícios podem reverter a favor de outros refugiados, do Estado de acolhimento, de outros Estados ou do regime de proteção internacional em geral" (ACNUR 2010).

No atual regime mundial de refugiados, é impossível aos intervenientes não estatais, incluindo o ACNUR, resolver os problemas dos refugiados sem as responsabilidades e os compromissos dos Estados. No entanto, por outro lado, ainda existem algumas possibilidades de desbloquear os problemas não resolvidos se um Estado mudar a sua política ou a sua posição. Parece improvável que os governos do Nepal e do Butão mudem de opinião, uma vez que repetiram os mesmos argumentos ao longo das últimas duas décadas. Perante a relutância do Butão em acolher refugiados, o Nepal não conseguiu internacionalizar o problema dos refugiados butaneses[86] até ao início da reinstalação em países terceiros. Por conseguinte, a Índia tem mantido sistematicamente a sua posição neutra, segundo a qual o problema dos refugiados é uma questão bilateral entre o Butão e o Nepal,[87] embora este país desempenhe um papel importante como superpotência regional no Sul da Ásia e acolha também uma parte dos refugiados butaneses. Apesar de a possibilidade de os refugiados acederem a oportunidades de reinstalação em todo o mundo ser muito reduzida, a reinstalação de refugiados butaneses é atualmente considerada o maior e mais bem sucedido programa de reinstalação do mundo. No entanto, se houver mudanças de política no Nepal, no Butão, na Índia ou noutros países, os problemas dos refugiados butaneses tomarão outro rumo.

Conclusão: Os refugiados nunca são um fardo

O discurso recente em torno dos refugiados parece algo unidimensional e muitos meios de comunicação social avançam com a ideia de que os refugiados representam um fardo para os países ou comunidades que os acolhem. Esta discussão é em parte razoável, porque muitos países e comunidades, especialmente na Europa, sofreram efetivamente com o afluxo maciço de refugiados e migrantes nos últimos tempos. No entanto, ninguém é apenas um refugiado. Ninguém escolhe ser um refugiado. Somos seres humanos iguais e cada pessoa teve uma vida normal antes de receber o rótulo de refugiado. Os refugiados são de facto um fardo para o país de acolhimento e para a comunidade? Será que os refugiados não podem dar origem a benefícios para o país e a comunidade de acolhimento? Tal como defendi neste livro, é uma perceção errada ou um mal-entendido lidar obstinadamente com os refugiados como um fardo para os países e comunidades de acolhimento. A história da reinstalação de refugiados butaneses na Austrália do Sul diz-nos que os refugiados nunca foram um fardo para o país e a comunidade de acolhimento.

---

[86]   Hutt 2005
[87]   Hutt 2005; Mayilvagnan 2005

Muitos dos refugiados butaneses, sejam eles mais jovens ou mais velhos, homens ou mulheres, de casta alta ou baixa, estão ansiosos por trabalhar no exterior, aprender inglês e adquirir outras competências para a vida. Trabalham arduamente não só para si próprios, mas também para o desenvolvimento do país de acolhimento e da comunidade. Os refugiados butaneses dão um grande contributo ao transferirem as suas competências e experiências para a sua comunidade de acolhimento no Sul da Austrália. Por conseguinte, faz sentido considerar que os refugiados nunca são um fardo para o país e a comunidade de acolhimento, embora sejam necessárias várias condições para sustentar este argumento.

Em primeiro lugar, o apoio das organizações de ajuda e as experiências anteriores à reinstalação devem ser importantes. Pode não fazer sentido comparar os campos de refugiados do Nepal com outros campos de refugiados de outros países, mas as situações de segurança nos campos de refugiados do Butão têm sido muito melhores do que noutros campos de refugiados de países pobres em desenvolvimento, e essas situações relativamente boas permitiram que o ACNUR, a OIM e as organizações parceiras realizassem facilmente actividades de ajuda.[88] Embora houvesse muitas limitações, as agências de ajuda prestaram uma série de apoios, como apoio alimentar e habitacional; serviços médicos e de saúde; educação de crianças e jovens; ou educação de adultos e formação profissional,[89] que contribuíram para aumentar as taxas de literacia e melhorar a saúde dos refugiados butaneses.[90] A existência de condições e apoios relativamente melhores nos campos de refugiados faria com que os refugiados butaneses reconstruíssem sem problemas os seus meios de subsistência no Sul da Austrália.

Em segundo lugar, o apoio após a reinstalação também não deve ser esquecido. Atualmente, o programa de imigração da Austrália está dividido em dois sistemas: um é o programa de migração para migrantes qualificados e familiares e o outro é o programa humanitário para refugiados e outras pessoas em situações semelhantes às dos refugiados. Além disso, este último programa humanitário está dividido em programa onshore para os que já se encontram na Austrália e offshore para os que não se encontram.[91] Todos os refugiados offshore, incluindo os refugiados butaneses, podem beneficiar de apoio

---

⁸⁸ Entrevista pessoal com um funcionário do ACNUR e um médico de uma ONG local em Damak, 10-11 de março de 2016

⁸⁹ CdA 2007; OIM 2008

⁹⁰ Entrevista pessoal com um funcionário do ACNUR e um médico de uma ONG local em Damak, 10-11 de março de 2016

⁹¹ Buckmaster 2012

intensivo à instalação, designado por Humanitarian Settlement Services (HSS). O HSS é um sistema baseado nas necessidades, mas permite que os refugiados recebam apoio governamental durante um período máximo de 12 meses,[92] cuja duração é considerada mais longa do que a de serviços semelhantes de outros países.

Em relação às duas condições anteriores, permitam-me acrescentar um ponto importante: a parceria. Como referido no capítulo 4, a reinstalação é uma espécie de atividade de parceria em que participam vários actores. As relações de amizade entre os actores participantes contribuem para a atmosfera desejável do processo de reinstalação dos refugiados butaneses. Não é apenas antes da reinstalação, mas também após a reinstalação, que a criação de uma boa parceria se torna útil. Em especial, as ONG desempenham um papel ativo em cada fase da reinstalação dos refugiados, pelo que é fundamental que o ACNUR e os países de acolhimento trabalhem em conjunto com as ONG para que a reinstalação dos refugiados seja bem sucedida.

Em terceiro lugar, e o mais importante, a natureza da área de reinstalação influencia fortemente as consequências da reinstalação de refugiados. Neste sentido, a Austrália do Sul está bem preparada para oferecer as melhores condições para a reinstalação de refugiados. Na Austrália do Sul, há muitas oportunidades de emprego e a região precisa de mão de obra que os refugiados podem potencialmente fornecer, o que causa menos problemas económicos. Além disso, a Austrália do Sul tem, historicamente, muitas experiências de aceitação de refugiados do Vietname, Afeganistão, Birmânia (Myanmar), etc. Relativamente aos impactos sociais ou culturais, muitas experiências da região tiveram um efeito positivo na reinstalação harmoniosa dos refugiados butaneses e poucos impactos negativos na comunidade de acolhimento.

Escusado será dizer que o êxito da reinstalação de refugiados depende de cada caso individual. Mesmo que as três condições acima mencionadas se verifiquem durante o processo de reinstalação de refugiados, isso não significa que os refugiados nunca se tenham tornado um fardo para o país e a comunidade de acolhimento, uma vez que há uma série de factores que influenciam a reinstalação de refugiados e é difícil identificar os contributos específicos de um fator em relação a outros. No entanto, é importante notar que os refugiados podem potencialmente trazer mais benefícios do que custos para a comunidade de acolhimento em várias condições. Como tal, os refugiados tendem a ser rotulados como "fardos" nos artigos dos meios de comunicação social ou na literatura sobre refugiados, mas deveríamos repensar estes

[92]   DSS 2016; RCA 2016

pressupostos amplamente difundidos. Como demonstrei através do caso bem sucedido de reinstalação dos refugiados butaneses, os refugiados têm potencial para se tornarem "activos", dando origem a benefícios para a comunidade de acolhimento. No meio da atmosfera sombria relacionada com a crise dos refugiados, os académicos e os profissionais começam a defender a necessidade de reformar o regime internacional de refugiados.[93] Antes de discutir a reforma, devemos questionar a noção firmemente enraizada de que "os refugiados são um fardo", e este estudo conclui que há muitas potencialidades dos refugiados para se tornarem activos para o país e a comunidade de acolhimento.

Bibliografia

Associação dos Activistas dos Direitos Humanos do Butão (AHURA Butão). 1994. *Refugiados do Butão: Victims of Arbitrary Deprivation of Right to Nationality and Political Repression.* A Report by AHURA Bhutan, 1 de agosto.

Baral, Lok Raj & Muni, S. D. 1996. "Introdução: Refugees, South Asia and Security". Em Muni, S.D. & Baral, Lok Raj. (ed.), *Refugees and Regional Security in South Asia,* Nova Deli: Konark Publishers, pp. 24.

Betts, Alexander. 2003. "Public Goods Theory and the Provision of Refugee

Proteção: The role of the Joint-Product Model in Burden-Sharing Theory".

Journal of Refugee Studies, 16(3), 274-296. https://doi.10.1093/jrs/16.3.274

Betts, Alexander. 2009. *Forced Migration and Global Politics.* Oxford: Wiley-Blackwell.

Betts, Alexander. 2011. "International Cooperation in the Refugee Regime".

Em Betts, Alexander & Loescher, Gil. (ed.), *Refugees in International Relations.* Oxford: Oxford University Press.

Betts, Alexander, Bloom, Louise, Kaplan, Josiah e Omata, Naohiko. 2014. Refugee Economies: Rethinking Popular Assumptions [Economias dos Refugiados: Repensando os Pressupostos Populares]. Disponível em https://www.rsc.ox.ac.uk/files/publications/other/refugee-economies-2014.pdf (acedido em 18 de julho de 2017).

---

[93] Koser 2015; Sieqfried 2016

Betts, Alexander. & Loescher, Gil. 2011. "Refugiados nas relações internacionais". In Betts, Alexander. & Loescher, Gil. (eds.), *Refugees in International Relations.* Oxford: Oxford University Press.

Betts, Alexander, Loescher, Gil e Milner, James. 2012. *UNHCR: The politics and Practice of Refugee Protection,* segunda edição. Londres; Nova Iorque: Routledge.

Buckmaster, Luke. (2012). Australian Government assistance to refugees: fact versus fiction. Nota de referência para o Departamento de Serviços Parlamentares, Parlamento da Austrália , 28 de setembro .
http://www.aph.gov.au/About_Parliament/Parliamentary_Departments/Parliam entary_Library/pubs/BN/2012-2013/AustGovAssistRefugees#Toc336609240 (acedido em 18 de julho de 2017).

Commonwealth of Australia (CoA). 2007. *Bhutanese Community Profile (Perfil da Comunidade Butanesa).* Disponível e
m
https://www.dss.gov.au/sites/default/files/documents/112013/community-prof ile-bhutan.pdf (acedido em 18 de julho de 2017).

CoA. 2014. *Oportunidades de crescimento: South Australian and Victorian Comparative Advantages.* Um relatório dos painéis para as revisões das economias da Austrália do Sul e de Victoria .
https://industry.gov.au/aboutus/corporatepublications/reviewofsouthaustralian andvictorianeconomies/documents/growingopportunities-southaustraliaandvic toria.pdf (acedido em 18 de julho de 2017).

Departamento de Emprego (DE). 2016. *Skill Shortage List South Australia (Lista de escassez de competências na Austrália do Sul).* Disponível e
m
https://docs.employment.gov.au/system/files/doc/other/skillshortagelistsa 6.p df (acedido em 18 de julho de 2017).

Dhakal, D.N.S. n.d. "Bhutanese Refugee Camps in Nepal nepal near to end".

TheVoice of Non Resident Bhutanese (A voz dos butaneses não residentes). Disponível em

http://nrbbhutan.org/bhutanese-refugee-in-nepal-nearing-to-end/(acedido em 18 julho, 2017)

Departamento de Imigração e Cidadania (DIAC). 2007. *Bhutanese Community Profile (Perfil da Comunidade Butanesa). Commonwealth of Australia.* Disponível em https://www.dss.gov.au/sites/default/files/documents/112013/community-profile-bhutan.pdf (acedido em 18 de julho de 2017).

DIAC. 2009. *Refugiados e questões humanitárias: Resposta da Austrália.* Disponível em http://library.bsl.org.au/jspui/bitstream/1/1614/1/refugee-humanitarian-issues-june09.pdf (acedido em 18 de julho de 2017).

DIAC. 2014. *Programa Humanitário Especial (PHE): Um folheto do Alto Comissariado Australiano em Nova Deli.* Disponível em http://bhutanesesa.org.au/uploads/2014/04/SPH-Handout.pdf (acedido em 18 de julho de 2017).

Departamento de Infra-estruturas e Desenvolvimento Regional (DIRD). 2015. *Estado da Austrália Regional 2015: Progresso nas regiões australianas.* Disponível em http://regional.gov.au/regional/publications/sora/files/State-of-Regional-Austra lia-2015.pdf (acedido em 18 de julho de 2017).

DIRD. 2016. *Regional: Um sítio Web do Departamento de Infra-estruturas e Desenvolvimento Regional, Governo australiano.* Última atualização em 25 de agosto de 2016. Disponível em http://regional.gov.au/regional/ (acedido em 18 de julho de 2017).

Departamento de Produção, Inovação, Comércio, Recursos e Energia (DMITRE). 2013. *Realizando os benefícios do boom da mineração para todos os sul australianos.* Disponível em http://www.resa.org.au/media/3238/realising-the-resources-boom-dec-2013.pdf (acedido em 18 de julho de 2017).

Departamento de Serviços Sociais (DSS). 2016. Serviços de Colonização Humanitária (HSS), Colonização e Assuntos Multiculturais. Última atualização em 9 de setembro de 2016. Disponível em https://www.dss.gov.au/our-responsibilities/settlement-and-multicultural-affairs /programs-policy/settlement-services/humanitarian-settlement-services-hss (acedido em 18 de julho de 2017).

Elden, Stuart. 2006. "Contingent Sovereignty, Territorial Integrity and the

Sanctity of Borders" . *SAIS Review,* XXXVI(1), 11-24.

Gray, Ian & Lawrence, Geoffrey.   2001. *Um futuro para a Austrália regional: escapando ao infortúnio global.* Cambridge: Cambridge University Press.

Haddad, Emma. 2008. *The Refugee in International Society Between Sovereigns [O Refugiado na Sociedade Internacional Entre Soberanos].* Cambridge: Cambridge University Press.

Haggard, Stephan. & Simmons, Beth A. "Theories of international regimes". *International Organization,* 41 (3), 491-517.

HomeStart. 2014a.   "Refugiados butaneses construindo comunidades na África do Sul".

Lançamento mediático   deHomeStart ,   27deMaio   .   Disponívelem https://www.homestart.com.au/getmedia/89544d83-4712-45e8-8e18-38bf861 94fd3/Bhutanese-refugees-building-communities.pdf (acedido em 18 de julho de 2017).

HomeStart. 2014b.   "Battlers butaneses encontram casa longe de casa em

Adelaide' s north". Comunicado de imprensa da HomeStart, 17 de junho.

Disponível em https://www.homestart.com.au/getmedia/0636c457-736b-4eed-

b458-aa2a9a6

c7295/Bhutanese-battlers-find-home.pdf (acedido em 18 de julho de 2017).

Human Rights Watch. 2003. *Trapped by Inequality: Bhutanese Refugee WomeninNepal ,   24de   setembro.   Disponível   em* http://www.refworld.org/docid/3fe47e244.html (acedido em 18 de julho de 2017).

Human Rights Watch. 2007. "Last Hope: The Need for Durable Solutions for

Refugiados butaneses no Nepal e na Índia". *Relatórios da Human Rights Watch,* 19(7c),   disponível

em

https://www.hrw.org/sites/default/files/reports/bhutan0507webwcover.pdf
(acedido em 18 de julho de 2017).

Hutt, Michael. 1996. "Ethnic Nationalism, Refugees and Bhutan". *Journal of Refugee Studies,* 9 (4), 397-420. https://doi.org/10.1093/jrs/9.4.397

Hutt, Michael. 1997. "Ser nepalês sem o Nepal: reflexões sobre um país do Sul

Diáspora asiática". In Gellner, David N., Pfaff-Czarnecka, Joanna., & Whelpton, John. (ed.), *Nationalism and Ethnicity in a Hindu Kingdom: The Politics of Culture in Contemporary Nepal.* Amesterdão: Harwood Academic Publishers, pp. 101-144.

Hutt, Michael. 2005. "The Bhutanese Refugees: Between Verification",

Repatriation and Royal Realpolitik". *Peace and Democracy in South Asia,* 1(1), 44-56.

Comissão Católica Internacional para as Migrações (ICMC). 2013. *Bem-vindo à Europa: um guia completo para a reinstalação.* Disponível em http://www.resettlement.eu/sites/icmc.tttp.eu/files/ICMC%20Europe-Welcome%20to%20Europe 0.pdf (acedido em 18 de julho de 2017).

Organização Internacional para as Migrações (OIM). 2008. *Perfil cultural: The Bhutanese refugees in Nepal; A tool for settlement workers and sponsors. Di*sponível em https://www.google.ae/url?sa=t&rct=j&q=&esrc=s&source=web&cd=1&cad=rja&uact=8&ved=0ahUKEwjcuMe91J7SAhXKKMAKHZkrCJwQFggaMAA&url=http%3A%2F%2Fwww.peianc.com%2Fsitefiles%2FFile%2Fresources%2Fcul
61

turalprofiles%2FBhutanese-Refugees-in-Nepal.pdf&usg=AFQjCNElhZBKeU
6deBXnD4Mbo0smdBoGzQ (acedido em 18 de julho de 2017).

IOM. 2015.   "Reinstalação de refugiados do Butão ultrapassa os 100.000".
IOM,

20de novembro   .   Disponível
              em
http://www.iom.int/news/resettlement-refugees-bhutan-tops-100000 (acedido
em 18 de julho de 2017).

Karlsen, Elibritt. 2016.   "Reinstalação de refugiados na Austrália: quais são
os

factos?"   Parlamento da Austrália, 7 de setembro. Disponível em

http://www.aph.gov.au/About Parliament/Parliamentary Departments/Parliam
entary Library/pubs/rp/rp1617/RefugeeResettlement#Toc461022105 (acedido
em 18 de julho de 2017).

Koser, Khalid. 2015.   "É altura de reformar o regime internacional de
refugiados".

Blogue da   OxfordUniversityPress   .   Avaialbleat

http://blog.oup.com/2015/09/international-refugee-regime-reform/ (acedido em
18 de julho de 2017).

Krasner, Stephen D. 1983. "Structural Causes and Regime Consequences:
Regimes as Intervening Variables", In: Krasner, Stephen D. (ed.) International
Regimes, Ithaca, NY: Cornell University Press, pp. 1-21.

Manfred, Ringhofer. 2002.   "História e Atualidade dos Refugiados do
Butão

Situação com ênfase na educação". *Educação ao longo da vida e bibliotecas,*
2, 43-72. Disponível em http://hdl.handle.net/2433/43617 (acedido em 18 de
julho de 2017).

Marcus, Candice. 2015.   "Número de refugiados butaneses que compram casas em

Adelaide continua a crescer". *ABS,* 16 de junho. Disponível em
http://www.abc.net.au/news/2015-06-16/number-of-bhutanese-refugees-buyin g-homes-continues-to-grow/6547318 (acedido em 18 de julho de 2017).

Maung, Manny. 2016. "Sem caminho para casa: o tempo esgota-se para os refugiados do Butão

inNepal" . *IRIN,* 7deOutubro .
Disponívelem :
https://www.irinnews.orq/news/2016/10/07/no-way-home-time-runs-out-bhuta nese-refugees-nepal (acedido em 18 de julho de 2017)

Mayilvaqanan, M. 2005. "Bhutanese Refugees in Nepal: Problems and

Prospects. *Nepali Journal of Contemporary Studies*", 5(2), 1-19.

Ministério dos Assuntos Internos do Butão (MoHA). 1958. *Lei da Nacionalidade do*
Butão, 1958. Disponível
em
http://www.nab.gov.bt/assets/uploads/docs/acts/2014/NationalLaw de Bhuta n 1958Eng.pdf (acedido em 18 de julho de 2017).

MoHA. 1980. *Lei sobre o casamento do Butão,* 1980. Disponível em
http://oag.gov.bt/wp-content/uploads/2010/05/Marriage-Act-of-Bhutan-1980En glish-version.pdf (acedido em 18 de julho de 2017).

MoHA. 1985. *Lei do Cidadão do Butão* , 1985. Disponível em
http://www.nab.gov.bt/assets/uploads/docs/acts/2014/BhutanCitizenAct 19 85Eng.pdf (acedido em 18 de julho de 2017).

MoHA. 1993. *Manual do Censo,* 1993. Disponível em
http://www.nab.gov.bt/assets/uploads/docs/acts/2014/Census HandBook19 93Eng.pdf (acedido em 18 de julho de 2017).

Moriarty, J. 2007. Observações do Embaixador James F. Moriarty aos Butaneses

Refugee on the U.S. ResettlementProgram , 25 de maio . Disponível em http://nepal.usembassy.gov/sp-05-25-2007.html (acedido em 30 de junho de 2017).

Multicultural SA. 2012. "Coordenação dos serviços de instalação: Assegurar

Humanitarian Migrants in South Australia Get a Fair Go". Um relatório de

Multicultural SA, Governo da Austrália do Sul. Disponível em http://www.multicultural.sa.gov.au/ data/assets/pdf file/0010/2206/coordinati on-of-settlement-services-2012.pdf (acedido em 18 de julho de 2017).

Multicultural SA. 2014. *Butão: Um perfil dos sul-australianos nascidos no Butão.*
Di sponível em http://www.multicultural.sa.gov.au/ data/assets/pdf file/0007/22021/Bhutan-

Dec-2014.pdf (acedido em 18 de julho de 2017).

Multicultural SA. n.d. South Australia' s diversity, Statistics in the website of GovernmentofSouthAustralia .
Availableat http://www.multicultural.sa.gov.au/communities-in-sa/statistics (acedido em 18 de julho de 2017).

Nepali Times. 2014. "Uma desgraça (inter)nacional: A SAARC não consegue enfrentar o

Bhutanrefugeeissue" . *NepaliTimes* .
Disponível em http://nepalitimes.com/regular-columns/The-gadfly/saarc-fails-to-confront-bhut anese-refugees-issue,40 (acedido em 18 de julho de 2017).

Newman, Edward. 2003. "Refugees, international security, and human

vulnerabilidade: Introduction and survey". Em Newman, Edward. & Van-Selm,

Joanne. (ed.), *Refugees and Forced Displacement: International Security, Human Vulnerability, and the State.* Tóquio: United Nations University Press.

Piper, Tessa. 1995. *The Exodus of Ethnic Nepalis from southern Bhutan".* WRITENET, 1 de abril . Disponível em http://www.refworld.org/docid/3ae6a6c08.html (acedido em 18 de julho de 2017).

Preiss, Danielle. 2016. "À medida que os campos de refugiados butaneses no Nepal vão diminuindo, o programa de reinstalação é considerado um sucesso".

Public Radio International, 28 de dezembro .

Disponível em https://www.pri.org/stories/2016-12-28/bhutanese-refugee-camps-nepal-wind-down-resettlement-program-considered-success (acedido em 18 de julho de 2017).

Conselho para os Refugiados da Austrália (RCA). 2016. Humanitarian Settlement Services (HSS), 4 de julho . Disponível em http://www.refugeecouncil.org.au/getfacts/settlement/hss/ (acedido em 18 de julho de 2017).

Governo Real do Butão (RGB). 1991. *Anti-national Activities in Southern Bhutan: a Terrorist Movement (Actividades Anti-nacionais no Sul do Butão: um Movimento Terrorista).* Thimphu: Departamento de Informação.

Sieqfried, Kristy. 2016. "É altura de reformar a forma como protegemos os refugiados?" *IRIN,*

9 de maio . Disponível em http://www.irinnews.org/analysis/2016/05/09/time-reform-way-we-protect-refugees (acedido em 18 de julho de 2017).

Stevenson, R. 2005. "Refugees and Economic Contributions. Background Paper for the Hopes Fulfilled or Dreams Shattered?" Conferência "From resettlement to settlement", 23-28 de novembro de 2005. Disponível em https://www.crr.unsw.edu.au/media/CRRFile/Refugees_andEconomic_Contri butions.pdf (acedido em 18 de julho de 2017).

Suhrke, Astri. 1998. "Burden-Sharing During Refugee Emergencies: The Logic of Collective Action Versus National Action". *Journal of Refugee Studies,* 11(4), 396-415. https://doi.org/10.1093/jrs/11.4.396

O Conselheiro. 2017. "Escassez de trabalhadores prejudica o crescimento da indústria de horticultura da Austrália do Sul   ".   *TheAdviser,*

4deJaneiro   .   Disponível em

http://www.adelaidenow.com.au/news/south-australia/worker-shortage-crippli ng-growth-of-south-australias-horticulture-industry/news-story/1cb081befd628 5db1ff79e58f9fd2f30 (acedido em 18 de julho de 2017).

O Novo Observador. 2016. "Austrália: "Refugiados" Ganham 50.000 dólares por ano". *O*

NewObserver,   3deAbril   .   Disponível
em
http://newobserveronline.com/australia-refugees-earn-50000-pa/ (acedido em 18 de julho de 2017).

ACNUR. 2005. "Uma Introdução à Proteção Internacional: Protecting persons of concern to UNHCR Self- study module 1." Disponível em http://www.unhcr.org/3ae6bd5a0.pdf (acedido em 18 de julho de 2017)

ACNUR. 2010. "Documento de posição do ACNUR sobre a utilização estratégica da reinstalação". Consultas Tripartidas Anuais sobre Reinstalação Genebra,   6-8   de   julho   de   2010.   Disponível   em http://www.unhcr.org/4fbcfd739.pdf (acedido em 18 de julho de 2017)

ACNUR. 2011. "Manual de Reinstalação, 2011." Disponível em https://www.google.co.jp/url?sa=t&rct=j&q=&esrc=s&source=web&cd=1&cad =rja&uact=8&ved=0ahUKEwiFle6SqObUAhVHNbwKHX7TC7cQFggoMAA&u rl=http%3A%2F%2Fwww.unhcr.org%2F46f7c0ee2.pdf&usg=AFQjCNEBpkXQ tl5K8sJpaHNM_57-dVdy7g (acedido em 18 de julho de 2017) 65

ACNUR 2015. "Reinstalação de refugiados butaneses ultrapassa a marca dos 100.000. "   Disponível
em
http://www.unhcr.org/news/latest/2015/11/564dded46/resettlement-bhutanese

-refugees-surpasses-100000-mark.html?query=Bhutanese%20refugee (acedido em 18 de julho de 2017).

ACNUR. 2016a. "Final Report of the Profiling Exercise of Refugees from Bhutan" [Relatório final do exercício de caraterização dos refugiados do Butão]. Um relatório do Sub-escritório do ACNUR em Damak, Jhapa, Nepal, 9 de fevereiro. Manuscrito não publicado.

ACNUR . 2016b. "1 refugiado sem esperança é demasiado". Uma nota informativa do Sub-escritório do ACNUR em Damak, Jhapa, Nepal. Manuscrito não publicado.

ACNUR. n.d. " FiguresataGlance . " Disponível em http://www.unhcr.org/figures-at-a-glance.html (acedido em 18 de julho de 2017).

Printed by Books on Demand GmbH, Norderstedt / Germany